그래서,
프랑스

프랑스어 선생님이 들려주는
진짜 프랑스 이야기

여행을 생각하다

우리는 왜 여행을 떠날까? 멋진 산과 바다, 아름다운 건물, 낯선 사람과의 만남 속에서 나를 찾는 것이 여행이다. 누군가와 같이 여행을 떠나는 것은 그 사람을 여행하는 것과 같다. '여행을 생각하다'는 여행을 통해 행복한 시간을 보내고 싶은 사람, 다음 여행을 더 잘하고 싶은 사람을 위한 이야기를 담았다.

그래서, 프랑스

프랑스어 선생님이 들려주는 진짜 프랑스 이야기

초판 1쇄 발행 2023년 4월 24일

지은이. 김미연
일러스트. 고규빈, 고지운
펴낸이. 김태영

씽크스마트
서울특별시 마포구 토정로 222
한국출판콘텐츠센터 401호
전화. 02-323-5609

홈페이지. www.tsbook.co.kr
블로그. blog.naver.com/ts0651
페이스북. @official.thinksmart
인스타그램. @thinksmart.official
이메일. thinksmart@kakao.com

ISBN 978-89-6529-342-2 (03920)
© 2023 김미연

•씽크스마트 - 더 큰 생각으로 통하는 길
'더 큰 생각으로 통하는 길' 위에서 삶의 지혜를 모아 '인문교양, 자기계발, 자녀교육, 어린이 교양·학습, 정치사회, 취미생활' 등 다양한 분야의 도서를 출간합니다. 바람직한 교육관을 세우고 나다움의 힘을 기르며, 세상에서 소외된 부분을 바라봅니다. 첫 원고부터 책의 완성까지 늘 시대를 읽는 기회로 책을 만들어, 넓고 깊은 생각으로 세상을 살아갈 수 있는 힘을 드리고자 합니다.

•도서출판 사이다 - 사람과 사람을 이어주는 다리
사이다는 '사람과 사람을 이어주는 다리'의 줄임말로, 서로가 서로의 삶을 채워주고, 세워주는 세상을 만드는 데 기여하고자 하는 씽크스마트의 임프린트입니다.

•천개의마을학교 - 대안적 삶과 교육을 지향하는 마을학교
당신은 지금 무엇을 배우고 싶나요? 살면서 나누고 배우고 익히는 취향과 경험을 팝니다. 〈천개의마을학교〉에서는 누구에게나 학습과 출판의 기회가 있습니다. 배운 것을 나누며 만들어진 결과물을 책으로 엮어 세상에 내놓습니다.

자신만의 생각이나 이야기를 펼치고 싶은 당신.
책으로 사람들에게 전하고 싶은 아이디어나 원고를 메일(thinksmart@kakao.com)로 보내주세요.
씽크스마트는 당신의 소중한 원고를 기다리고 있습니다.

그래서,
프랑스

프랑스어 선생님이 들려주는
진짜 프랑스 이야기

프랑스, 변하는 것들과 변하지 않는 것들

유튜브로 대변되는 탈텍스트 시대에 문자 독해력을 요구하는 책을 낸다는 것은 어쩌면 인터넷 뱅킹을 하지 않고 직접 은행 창구에 찾아가 번호표를 누르고 차례를 기다리는 일과 같을지 모른다. 언젠가부터 정보는 문자, 이미지, 영상을 통해 온라인으로 공유된다. 글을 쓰는 것보다 차라리 유튜브를 하는 게 나을지도 모른다는 생각을 잠시나마 하기는 했다.

세균학의 아버지라고 하는 루이 파스퇴르, 여성 최초의 노벨상 수상자 마리 퀴리, 법과학의 창시자 에드몽 로카르와 같이 뛰어난 과학자들을 배출하였음에도 불구하고 프랑스 하면 무엇보다 파리와 에펠탑, 박물관과 미술, 패션과 와인, 샤토가 떠오른다. 르네 데카르트, 미셸 푸코, 앙리 레비, 자크 라캉, 알렝 드 보통과 같은 철학자도 떠오른다. 프랑스와 파리, 도시의 외관은 인문학적 이미지와 더 가깝다. 변하는 것들과 변하지 않는 것들이 있다. 한동안 유튜브의 세계에 빠졌으나 영상 하나를 보기 위해 몇십 분을 소비할 때보다 한두 줄 글을 읽을 때 오히려 더 빨리 정보를 얻을 때가 많으며 유익한 시간을 보낼 수 있다는 사실을 깨닫게 되었다.

에세이와 인문학 사이를 오가던 원고를 정리하면서 문화 수업을 염두에 두었다. 젊은 날의 여행과 그때를 되돌아보는 리마인드 여행, 문화 이야기를 주로 다루었던 초판에 대해 나름대로의 만족감도 있었고 독자의 반응도 괜찮았으나 단순히 추억과 감상으로 끝난 것에 대한 아쉬움이 있었다. 이왕 냈으면 잘 사용하는 것도 책에 대한 도리가 아닌가 생각했다. 더구나 프랑스는 자타가 공인하는 문화강국이다. 그래서 개정본의 마지막에는 학생들을 위한 문화과제를 두었다. 책은 이제 에세이와 인문학, 프랑스 문화 교재 사이에서 오가게 되었다. 선택은 독자의 몫이다.

2023, 봄, 종암동.

1장

파리, 거리들

01
파리

대학에서 프랑스어 교육을 전공했다. 막 해외여행이 자유화가 되었을 무렵 지금까지도 가장 기억에 남는 첫 번째 프랑스 여행을 했는데 그때는 지금처럼 프랑스에 대한 가이드북이나 여행 패키지가 시중에 많이 나와 있지 않고 완벽하지도 않았을 때였다.

그리고 교사가 되기 위해 임용시험을 보고 발령을 기다리는 동안 파리에서 공부했다. 아주 잠시 머물렀을 뿐인 파리를 천천히 보고 느끼고 싶어서였다. 공부를 하는 동안, 다른 나라를 여행하기도 했는데 여행에서 돌아올 때면 낯설기만 하던 파리가 원래 집이었던 것처럼 편안하게 느껴지는 신기한 경험을 하곤 했다. 교사가 된 후에는 학생들에게 실제 체험한 것들을 들려주고 싶어 친구와 배낭여행을 했고 가족과 버스 투어를 하며 프랑스 곳곳을 돌아다녔다. 프랑스 정부와 서울시 교육청에서 주관하는 교수법 연수, 국제 학술 대회 그리고 프랑스 전통 스포츠 페탕크 연수까지, 이후에도 파리와는 이렇게 저렇게 인연이 닿았다.

첫 번째 여행은 무려 이십 년도 더 되었으니, 파리의 변화를 누구보다 몸으로 느낀다. 막연히 '낭만의 도시'라고 생각했던 파리의 이면은 내 기대를 충족시키기도, 실망시키기도 했다. 요즘에서야 파리 신드롬(Syndrome de Paris)에 빠졌던 나를 되돌아보며 파리에 대한 과도한 환상에서 벗어났지만 처음 보았던 파리의 모습은 아직도 잊을 수 없다. 그래서 지난 여름, 나는 다시 프랑스로 떠났다. 파리는 여전히 예술과 역사, 건축과 사람들의 이야기를 담은 채 거기에 있었고 많은 것을 기억나게 해주었다.

샤를 드골 공항

파리로 가기 위해서 가장 먼저 거치는 곳은 샤를 드골 공항(aéroport de Charles de Gaulle, CDG)이다. 인천에서 비행기를 타고 이런저런 생각에 뒤척이면서 12시간의 긴 여정을 마치면 프랑스 파리의 관문인 샤를 드골 공항이 기다리고 있다. 승무원의 작별인사를 마지막으로 통로를 따라 걷기 시작했을 때 마침내 도착했다는 안도감과 기쁨이 밀려온다. 파리의 공항이라는 낯설고도 설레이는 그 공간을 채우고 있는 것은 예상과 달리 프랑스산 고급 향수 냄새가 아니라 어떤 특유의 체취와도 같은 것이다. 다양한 사람들이 오가기 때문에 그들의 옷차림만큼이나 다양한 냄새가 난다. 나라마다 인종마다 먹는 음식에 따라 사람들의 체취가 다르다고 하는데 문득 아직 가보지 않은 많은 곳들이 있다는 것을, 알지 못하는 머나먼 곳들이 존재한다는 사실을 후각이 일깨워준다. 샤를 드골 공항의 냄새는 다른 어느 나라의 공항에서 느낄 수 있는 것보다 독특하다.

공항 이름의 기원도 한국과는 다른데 이는 프랑스 18대 대통령, 샤를 드골(*Charles de Gaulle*)의 이름에서 따온 것이다. 제2차 세계 대전 당시 나치 침략에 저항했던 레지스탕스 운동가, 군인, 정치인이자 작가이기도 했던 그는 제1차 세계 대전에 참전하였으며 제2차 세계 대전의 나치 치하에서는 영국으로 망명해 망명 정부의 수장이 되었다. 19세기에서 20세기 초반 사이, 파리의 풍요로움과 평화를 뜻하는 벨 에포크(*Belle Époque*)가 지나고 세계의 패권이 미국과 소련으로 넘어간 가운데 프랑스의 영광을 되찾고자 노력한 샤를 드골은 유럽에서 프랑스가 정치적 주도권을 갖는 데도 큰 역할을 했다. 공항뿐만 아니라 개선문(*Arc de Triomphe*)이 있는 광장에도 그의 이름이 붙어있을 정도니 드골에 대한 프랑스 국민의 평가가 어느 정도인지 알 수 있다.

이런 이야기를 담은 공항의 입국장과 세관을 거쳐 밖으로 나오면 시내로 가려는 젊은 여행자들이 길게 늘어선 안내소가 보인다. 그곳의 직원은 복잡한 지하철 노선도에 동그라미를 그려가며 뭔가를 설명하고 있지만 중국인인 듯 보이는 여자는 알아듣지 못하고 노선도만 뚫어지게 보며 선뜻 자리를 뜨지 못한다. 이제 겨우 오후 세 시일 뿐인데 많은 사람을 상대하느라 직원은 벌써 지쳐 보인다. 여행은 샤를 드골 공항에서 시작된다. 시내로 가는 공항버스나 RER를 타면 이제 파리다.

프랑스의 수도, 파리

파리는 프랑스의 수도이다. 프랑스 북부에 위치하며 서울이 경기도에 둘러싸여 있는 것처럼 일드 프랑스(*Île de France*)지방에 둘러싸여 있다. 크기는 서울의 6분의 1밖에 안 된다. 그렇기 때문에 지하철을 타고 이동하면 끝에서 끝까지 이동하는 데도 많은 시간이 걸리지 않는다. 인구도 적다. 최근 조사에 200만 명 정도라고 나와 있으니 거대 도시인 서울에 비하면 정말 조그만 도시다. 서울이 강남구, 성북구처럼 구로 나누어져 있다면 파리는 20개의 아롱디스망(*arrondissement*)으로 나뉘고 아롱디스망은 다시 코뮌(*commune*)이라는 작은 지역 공동체로 나누어진다. 루브르 박물관이 있는 중심부가 1아롱디스망이고 여기부터 시계 방향으로 번호가 매겨져 번호를 따라가다 보면 전체 모양이 달팽이처럼 된다.

파리를 관통하는, 프랑스에서 세 번째로 긴 강인 센 강을 기준으로 북쪽과 남쪽을 각각 우안(*Rive droite*, 리브 드루아트)과 좌안(*Rive gauche*, 리브 고슈)이라고 부르는데 우안은 전통적으로 정치와 경제 기능이 집중된 곳으로 대통령 집무실이 있는 엘리제궁과 정부 기관 및 사무실, 유명 백화점과 기차역들이 있다. 반면 좌안은 교육 기능을 중심으로 발전한 곳으로 라틴 지구에는 소르본과 같은 여러 대학과 연구소가 있다. 우안과 좌안은 강을 기준으로 도시를 나눈다는 점에서 서울의 강북이나 강남과 같은 명칭이다.

파리는 서울보다 위도가 높지만 따뜻한 북대서양 해류와 편서풍 덕분에 일 년 내내 비교적 따뜻한 편이라서 살기에도 여행하기에도 좋은 곳이다. 하지만 이런 날씨에도 예외가 있어서 비가 자주 내리는 늦가을과

파리를 관통하는, 프랑스에서 세 번째로 긴 강인 센 강을 기준으로 북쪽과 남쪽을 각각 우안(Rive droite, 리브 드루아트)과 좌안(Rive gauche, 리브 고슈)이라고 부른다.

겨울의 파리는 음산하기 짝이 없다. 어학연수를 했던 때는 1991년에서 1992년으로 지나가던 가을과 겨울이었다. 하루에도 몇 번씩 천둥과 번개를 동반한 비가 내렸다가 언제 그랬냐는 듯 해가 나는 변덕스러운 날씨의 가을이 지나고 흐린 날이 많은 겨울이 왔다. 눈이 내릴 정도의 추위는 없었지만 스산한 날들이 계속되었다. 그럼에도 불구하고 파리는 세계인에게 낭만과 예술의 도시로 각인되어 있는 아름답고 사랑스러운 도시이다. 에펠탑, 개선문, 노트르담 성당을 비롯해서 오래된 그들의 거주지 자체가 도시를 하나의 박물관처럼 만들어주고 있다. 이 때문에 많은 사람들이 파리 여행을 꿈꾸며 실제로 여름 휴가철에는 파리지앵보다 관광객이 더 많다.

파리 신드롬

파리는 프랑스 최대의 도시이며 정치, 경제, 문화의 중심지이다. 또한 뉴욕, 런던, 도쿄 등과 함께 세계적인 명성을 가지고 있는 도시이기도 하다. 많은 사람에게 예술과 사랑의 도시로 각인되어 있으며 회화, 조각, 패션, 요리의 중심지이기도 해서 '파리'라는 단어 자체가 만들어 내는 이미지는 비현실적이리만큼 낭만적이다. 아직 파리를 가보지 않은 사람에게 에펠탑, 샹젤리제 거리, 몽마르트르와 같은 장소는 이름만으로도 많은 환상을 불러일으킨다.

밀라노, 뉴욕과 함께 세계 3대 패션쇼가 열리는 패션 도시의 아이콘으로 발렌시아가, 디올, 샤넬과 같은 명품 브랜드의 본산이어서 많은 여성에게는 동경의 대상이다. 우리나라에서도 많은 패션 브랜드들이 파리라는 이름을 슬쩍슬쩍 끼워놓는 것을 볼 수 있다. 하지만 실제로 찾아가 본 파리는 상상과 다를 수 있다. 파리 역시 사람들이 살아가는 현실 속의 공간이기 때문이다. 호텔에 짐을 풀고 거리에 나가 멋진 노상 카페에 자리를 잡는 순간 바로 누구나 꿈꾸는 여행지에서의 로맨스라도 시작될 것 같지만 실제로는 지하철의 악취와 오물, 거리의 개똥과 파리지앵의 불친절함에 놀라게 된다. 오랫동안 파리라는 이름이 주는 환상에 사로잡혀 있던 사람들은 현실을 인정하지 못하고 일종의 정신 질환을 겪기도 하는데, 이것을 파리 신드롬(*Syndrome de Paris*)이라고 부른다. 프랑스 사랑으로 유명한 일본인들이 특히 이 질환을 많이 겪는다고 하는데 파리를 방문하는 외국인이라면 국적을 불문하고 누구에게나 발병할 가능성이 있다.

젊은 미국 여성들도 여행 가방 가득 멋진 드레스를 채우고 파리를 방문했다가 실망하는 경우가 많다고 한다. 물론 한국인도 예외는 아니다. 내 친구 민경이도 파리를 여행할 때면 혹시나 하면서 항상 드레스를 챙겨갔다. 하지만 청바지와 티셔츠 사이에 끼어 있던 우아한 드레스는 한 번도 가방 밖으로 나온 적이 없었고 다시 한국으로 돌아와 옷장에 걸리고는 했다.

02
샹젤리제 거리

이번 여행에서 머물렀던 호텔은 라파이에트(*La Fayette*) 거리에 있었다. '시내 한복판이구나'라는 생각만으로도 괜히 기분이 좋아지는 호텔이었다. 호텔 이름만으로 라파이에트 백화점이 가깝다는 것을 짐작할 수 있다. 라파이에트 백화점은 지은 지 백 년이 넘은 프랑스 건축문화유산으로 돔 양식의 화려한 스테인드글라스 천정과 실내 테라스로 유명한데 시즌마다 장식을 바꾸어 언제 가도 항상 새롭다. 여름 세일 시즌을 맞아 새로운 장식으로 한껏 멋을 냈다는 소문에 당장 쇼핑 본능이 치솟지만 파리의 첫날부터 백화점을 가는 것은 스스로 찔리는 일이라며 마음을 달랬다. 파리 여행의 첫날은 뭐니 뭐니 해도 샹젤리제(*Champs-Élysées*)! 샹젤리제 거리의 화려함 앞에서 쇼핑을 내일로 미루는 일 정도는 어렵지 않다. 어학연수 시절, 홈스테이를 했던 장소이기도 한 샹젤리제 거리로 향하는 메트로를 탔다.

개선문에서 콩코르드 광장으로 이어지는 샹젤리제 거리는 파리에서 가장 큰 대로로 관광객들이 자주 찾는 대표적인 거리이다. 이름만으로도 낭만적인 느낌이 물씬 나는데 여름철에는 파리지앵 대신 관광객들이 점령하고 있다. 카르티에, 에르메스, 루이뷔통과 같은 유명한 부티크, 포시즌-조르주 셍크 호텔과 그곳에서 운영하는 르 셍크같은 럭셔리 레스토랑은 물론 푸케와 같은 유서 깊은 카페, 푸조와 벤츠 전시장, UGC 영화관, 폴과 같이 요즘 뜨고 있는 빵집, 셀리오나 마크 앤 스펜서 같은 옷가게들을 따라 사람들이 붐빈다. 물랭루즈와 쌍벽을 이루는 카바레, 리도도 있다. 1호선 샤를 드골 에투알역에서 내려 밖으로 나오면 바로 앞에 개선문이 나타나는데 이곳이야말로 수많은 관광객이 파리 방문 인증 사진을 찍는 세계 최고의 유명 장소이다. 샹젤리제 거리를 포함해 열두 개의 거리가 시작되는 지점이니 개선문을 중심으로 광장은 별 모양으로 뻗어나가 에투알(étoile, 별) 광장의 이름을 따서 파리의 개선문은 에투알 개선문이라고도 한다.

샹젤리제 거리의 시작, 개선문

샤를 드골 에투알 광장 한가운데에 서 있는 개선문(Arc de Triomphe)은 프랑스의 영광을 상징하는 건축물이다. 프랑스어로 'Arc'는 '아치', 'de'는 전치사 '~의', 'Triomphe'는 '승리'라는 뜻이므로 개선문의 원래 의미는 '승리의 아치'인 셈이다. 1789년 프랑스 혁명 이후 유럽의 왕정 국가들은 연합하여 대프랑스 전쟁을 일으키는데 이는 오히려 나폴레옹이 유럽 정복을 시작하는 계기가 되었다. 개선문은 1806년, 나폴레옹이 프로이센과의 전쟁에서 승리한 것을 기념하여 세우기 시작했으나 그가 살아 있는 동안에는 완공되지 못했다. 1920년 이후, 제1차 세계 대전에 참가했다가 전사한 군인들이 중앙의 아치 아래에 안치되면서 실상 참전 용사 기념탑의 성격을 띠게 되었지만, 개선문이라는 이름 때문인지 군인들의 희생보다는 승리의 영광을 더 떠올리게 된다. 프랑스 혁명 참가자, 전쟁에 참여했던 군인들, 프랑스가 전쟁에서 승리했던 장소의 이름이 벽면에 새겨져 있다. 그래서 프랑스 혁명 기념일이나 세계 대전 종전기념일과 같은 날의 국가적인 행사는 개선문 앞 샤를 드골 에투알 광장에서 거행된다.

보통 사람들에게 샹젤리제 거리는 낭만과 화려함의 상징이지만 현실에서는 딱히 그렇지만은 않았다. 어학연수 시절, 몇 분만 걸어나오면 샹젤리제 거리와 이어지는 워싱턴 거리 5번지에 살았지만 그 근방에서 내가 친구와 자주 다녔던 곳은 맥도날드였다. 햄버거도 커피도 싼 데다 뭘 먹지 않더라도 화장실을 무료로 이용할 수 있었기 때문이었다. 맥도날드 이 층에 앉아 1유로도 안 되는 커피를 마시고 있으면 바쁜 파리지앵 사이로 커다란 쇼핑백을 들고 다니는 일본인 관광객이 보이곤 했다. 샹젤리제 거리의 맥도날드는 보통 노란색인 다른 매장과 달리 거리의 분위기에 맞춰 흰색 외장을 갖춘 것이 특징이다. 맥도날드 매장은 지금도 여전히 주머니가 가벼운 젊은 사람들과 관광객으로 가득 차 있는데, 맞은편의 럭셔리 레스토랑 푸케에서 바라보는 맥도날드의 모습이 새삼스럽다. 친한 친구의 소개로 알게 되어 파리 생활에 많은 도움을 주었던 제롬을 처음 만났던 곳도 샹젤리제 거리였는데, 샹젤리제 거리의 UGC 영화관에서 지금은 제목도 생각나지 않는 톰 행크스 주연의 미국영화를 봤으니 이래 저래 샹젤리제 거리는 전형적인 파리의 이미지와는 달리 각인되어 있긴 하다. 프랑스어로 더빙된 미국영화를 보는 느낌은 뭐랄까 혼돈 그 자체 였는데 프랑스도, 미국도 느낄 수 없는 낯설음과 함께 어마어마한 두통 이 있었다. 프랑스인인 제롬은 어떻게 느꼈는지 모르겠다. 우리가 한국어 로 더빙된 미국영화를 보는 느낌이었을까. 아무튼 제롬과는 일주일에 한 두 번 만나 파리시내나 교외를 돌아다니고 프랑스어나 한국어로 대화하 면서 나는 프랑스에 적응하고 그는 한국을 알아갔다.

극장식 카바레, 리도

샹젤리제 거리에 있는 UGC 영화관 옆에는 바로 리도(Lido)가 있다. 리 도는 물랭루즈와 함께 파리에서 가장 멋진 공연을 하는 극장식 카바레 다. 국어사전에 카바레는 무대나 무도장과 같은 설비를 갖추어 악단이 연주하는 음악이나 쇼를 즐기거나 춤을 출 수 있도록 만든 술집이라고 되어 있는데, 리도도 공연을 보며 식사나 음료를 즐기는 그런 장소다.

리도는 홈스테이를 했던 자크리 씨의 집에서 가까웠다. 걸어서 5분도 안 되는 거리. 하지만 학생의 신분이었기 때문에 리도가 바로 옆에 있어 도 구경하는 것은 꿈조차 꾸지 않았다. 매일 리도 간판 앞을 지나다니면 서 막연히 퇴폐적인 곳이 아닐까 생각하고 있기도 했다. 한번은 자크리 부인이 "우리는 분장을 하고 하얀 깃털 옷을 입은 배우들을 가끔씩 본다"

샤를 드골 에투알 광장 한가운데에 서 있는 개선문(Arc de Triomphe)은
프랑스의 영광을 상징하는 건축물이다.

라고 말했다. 공연이 끝나는 시간이면 뒷문으로 배우들이 나온다는 것이다. 자크리씨의 집은 리도의 뒷문과는 정말 몇십 미터밖에 떨어져 있지 않았다. 나중에는 왜 그때 그런 멋진 광경을 직접 볼 생각을 하지 않고 무관심했었는지 후회하기도 했다.

그 후 몇 년이 지나서야 리도에서 쇼를 직접 볼 수 있었다. 교사가 되었고 경제적으로 독립한 후였다. 언제나처럼 그때에도 일행 중에는 파리가 처음인 사람이 있어서 여행 첫날의 필수 코스인 샹젤리제 거리로 향했다. 리도의 입구는 바로 옆에 있는 UGC 영화관과 같은 통로를 쓰고 있어서 영화관 줄에 잘못 서 있었던 해프닝이 있었다. 그런 사람이 많았던 모양인지 안내하는 사람이 바로 알아채고 줄을 바꾸라고 말해주었다. 예약을 따로 하지 않아서 우리 일행은 식사는 하지 않고 음료만 마실 수 있는 저렴한 좌석에 앉게 되었다. 아마 3층이었던 걸로 기억한다. 자리에 앉자 바로 직원이 와서 관람료를 받아갔고 음료 한 잔이 제공되었다. 배우들로부터 먼 자리였지만 리도의 분위기를 충분히 느낄 수 있었다. 아래층 관람객들은 식사를 하면서 공연을 보고 있었는데 "무대 장치가 수시로 바뀌고 배우들이 역동적으로 춤을 추기 때문에 아래층에는 먼지가 날릴 거야"라고 했던 자크리 씨의 딸, 나만이 했던 말이 위로처럼 떠올랐다.

샹젤리제 거리에는 약간의 경사가 있어 개선문 쪽에서 콩코르드 광장 쪽을 바라보면 거리를 가득 메운 사람들의 움직임이 그야말로 물결치는 것처럼 보이는데, 무엇보다 샹젤리제 거리를 가장 샹젤리제 거리답게 만들어주는 것은 길 양옆으로 심어진 가로수이다. 이탈리아 피렌체의 명문, 메디치 가문의 딸로 프랑스의 왕, 앙리 4세와 정략결혼을 한 마리 드 메디치가 조성하기 시작했다는 샹젤리제 거리는 길가로 커다란 이파리의 마로니에와 플라타너스가 가로수로 서 있어서 여름에 걸으면 더 아름답다. 관광객이 너무 많아 어쩌면 이곳이 진정한 파리의 모습을 볼 수 있는 곳이 아닐지도 모른다는 생각이 들기도 하지만 여행의 기쁨에 들떠있는 이들을 항상 볼 수 있는 것도 샹젤리제 거리의 매력일지 모른다. 광장에 촘촘히 박혀 있는 벽돌 하나하나에 깃들어 있는 사람들의 수고와 샹젤리제 거리의 지하 전체를 주차장으로 만드는 심각한 파리의 주차난과 같은 문제를 여행자들이 고민할 필요는 없으니까.

물결처럼 일렁이는 샹젤리제 거리를 내려오다 보면 왼쪽 나무숲 사이로 프랑스 대통령이 살고 있는 엘리제궁(Palais de l'Élysée)이 보인다. 루이 16세, 나폴레옹 등을 거쳐 샤를 드골, 프랑수아 미테랑, 자크 시락, 사르코지, 올랑드가 대통령 관저로 사용하며 업무를 본 곳인데 현재는 에마뉘엘 마크롱 대통령이 주인이다. 미테랑은 국민들에게 미미라는 애칭으로 불리며 사랑받았지만 혼외 자식 문제로 구설수에 올랐고 사르코지는 사치와 낭비, 내로남불식 자식사랑으로 국민의 신뢰를 잃었다. 올랑드 대통령은 어느 날 밤 궁전에서 오토바이를 타고 나와 여자 친구를 만나러 가는 모습이 파파라치 사진에 찍혀 스캔들의 주인공이 되었는데 마크롱은 어떤 대통령으로 기억하게 될지 궁금해진다.

이런저런 에피소드가 떠오르는 엘리제궁을 일별하고 정면을 바라보면 콩코르드(*Concorde, 화합*)광장 한가운데의 오벨리스크가 바로 눈앞에 와 있다. 콩코르드 광장은 샹젤리제 거리가 마들렌 성당에서 시작되는 루아얄 거리와 만나는 지점에 있는 프랑스 혁명 당시, 루이 16세와 마리 앙투아네트, 당통, 로베스피에르를 비롯해 무려 천여 명이 넘는 사람들이 단두대의 이슬로 사라진 무시무시한 장소이다. 그래서 혁명 광장이라고도 불렸지만 이집트로부터 기증을 받았다고 하는 이국적인 오벨리스크가 가운데 우뚝 솟아 있어서 이걸 바라보고 있노라면 혁명보다는 정복이라는 단어가 먼저 떠오른다. 개선문에서 콩코르드광장까지는 탁 트인 전경 탓에 시각적으로 별로 멀어 보이지는 않지만 지하철역으로 무려 네 정거장이나 되니 아무리 지하철역 사이가 가깝다고 해도 실제로는 2킬로미터 거리다.

이제 광장에서 바로 이어지는 곳은 과거 루브르궁전의 정원이었다가 지금은 모든 시민에게 개방되어있는 튈르리 정원(*Jardin des Tuileries*). 그 바로 옆에는 루브르 박물관이 있다.

03
루브르 박물관

    루브르 박물관(*Musée du Louvre*)은 파리의 1구, 메트로 1호선 팔레 루아얄-루브르 박물관 역에 내리면 바로 입장할 수 있는 파리의 가장 중심에 위치한 세계 3대 박물관 중의 하나이다. 1호선을 타든 걷든 동선은 샹젤리제 거리, 콩코르드 광장, 튈르리 정원, 루브르 박물관 순으로 이어진다. 이 네 장소는 일직선상에 있어서 샹젤리제 거리를 걸으면 콩코르드 광장이 나타나고 광장을 지나면 튈르리 정원과 루브르 박물관이 나타나는 식이어서 내친 김에 루브르 박물관까지 걷게 되기도 한다.

    루브르는 12세기 파리를 방어하기 위한 요새였다가 16세기에 궁전으로서의 모습을 갖추었다. 오늘날의 모습이 되기까지 앙리 2세, 루이 14세, 나폴레옹, 나폴레옹 3세 시대를 거쳤으므로 건물 외벽에는 이들의 흔적이 모두 남아있다. 수집한 미술품이 많아지자 왕실에서 궁전의 일부를 미술관으로 사용한 것이 박물관의 시작이다. 1789년, 프랑스 혁명 시기까지 이 미술품들은 왕가의 컬렉션으로 왕족이나 귀족만이 볼 수 있었는데 혁명 후인 1791년, 시민들의 요구로 모두에게 개방되었다. 현재 전 세계 각지로부터 수집한 미술품이 약 35만 여 점이나 되는데 그중 10퍼센트 정도만 전시되고 있는데도 불구하고 모두 보려면 최소한 일주일은 걸린다고 한다. 그러니까 유럽 단체 관광에서 한두 시간만 루브르 박물관에 들렀다면 그냥 루브르 박물관에 가봤다는 말을 할 수 있을 뿐 작품을 감상했다고 할 수는 없을 것 같다.

처음 루브르 박물관에 갔을 때는 모든 작품을 다 보겠다는 실현 불가능한 욕심을 부렸다. 맨 꼭대기 4층에서부터 차근차근 보고 내려오겠다는 계획을 세웠지만 재미도 없고 힘만 들었다. 그리스 로마 신화나 성경 이야기가 주를 이루는 그림들은 이해하기가 힘들어 괜히 그림 옆에 붙어있는 제목을 읽느라고 시간만 허비하다가 정작 유명하거나 평소에 보고 싶었던 작품을 놓쳤다. 한번은 바캉스 시즌에 루브르 박물관에 갔었는데 인기 있는 전시실과 작품 앞에 사람들이 그야말로 인산인해를 이루고 있었다. <모나리자>와 <밀로의 비너스>, <사모트라케의 니케> 같은 작품은 대중적으로 잘 알려져 있고 인기도 많기 때문이었다. 특히 <모나리자>는 먼발치에서만 보고 돌아와야 했을 정도였다. 시간을 넉넉하게 두고 보고 싶은

작품을 미리 정해 놓고 동선도 미리 결정한 다음 박물관에 입장하는 것이 좋았겠다는 생각을 나중에야 했다. 2층에서는 앵그르, 다비드, 들라크루아의 작품을, 3층에서는 렘브란트, 루벤스, 반다이크와 같이 비교적 잘 아는 작가들의 작품을 선별해서 보게 되었다. <나폴레옹의 대관식>, <민중을 이끄는 자유의 여신>과 같은 대작을 찾아보는 일도 재미있다. 16세기 비엔나에서 막시밀리언 2세를 모델로 주세페 아르침볼도가 그린, 현대회화라고 해도 무방할 <사계절>도 눈에 뜨인다. 이런저런 시행착오를 거쳐 미술 분야 전공자가 아닌 이상 반드시 다 볼 필요도 없고 전문적으로 이해하려고 노력할 필요도 없다는 현명한 깨달음을 얻게 되었다.

전시관은 크게 리슐리외, 쉴리, 드농까지 총 3관으로 구성되어 있다. 건물에서 건물로 이어지는 연결 통로를 지나는데 작은 창 너머로 바깥 풍경이 잠시 눈에 들어와서 문득 몇 시간이고 전시실에 있는 동안 전혀 밖을 볼 수 없었다는 당연한 사실을 깨닫게 된다. 정원과 뜰, 맞은 편의 건물과 센강이 내다보여 마음을 쉴 수 있다. 바깥 풍경이 시원하고 아름답게 보여 문득 이 순간이 너무 행복하다는 생각을 한다.

루브르 박물관의 앞마당에는 유리로 된 커다란 현대식 피라미드가 세워져 있다. 그 유리 피라미드가 박물관의 출입구이다. 루브르 박물관에 처음 왔을 때는 없었던 것인데 언젠가부터 그 자리에 있다. 다시 그곳을 오가고 있으니 언젠가 유리 피라미드 아래서 만났던 프랑스인 할머니가 생각났다. 백발을 짧게 자르고 단화를 신은 할머니는 매월 첫째 주 일요일은 입장이 무료라 사람이 많기 때문에 일찍 나와 줄을 서 있는 것이라 했었다. 나는 우연히 그날 그 시간에 거기 갔을 뿐인데 운 좋게도 첫째 주

일요일이었다. 물론 지금 바캉스 시즌에는 무료입장과 같은 혜택은 없는 것 같다. 중국인이 설계했다는 유리 피라미드는 만들어질 당시, 루브르 박물관과 어울리지 않는다는 이유로 반대가 많았다는데 개인적인 생각으로는 루브르 박물관이 소장하고 있는 많은 이집트 유물들과 바로 옆 콩코르드 광장에 세워져 있는 룩소르 신전의 오벨리스크를 생각하면 그리 생뚱맞은 건축물은 아니라는 생각이 든다. 오히려 일관성 있는 설정이 아닌가 싶다. 이 피라미드는 궁전의 안뜰에 있지만 유리로 되어 있어서 시야를 가리지 않는다. 하늘도 맞은편의 건물도 다 볼 수 있다. 아무튼 이 건축물은 요즘 루브르 박물관의 상징처럼 되었으니 과거와 현대를 아우르는 프랑스인들의 미적 감각이 놀랍다.

재상과 왕의 거처, 팔레 루아얄

메트로 1호선 팔레 루아얄-루브르 박물관역에서 나와 루브르 박물관 반대편 출구로 나가면 세계사 책에도 이름이 나오는 재상 리슐리외와 유년기의 루이 14세가 살았던 팔레 루아얄(*Palais-Royal*)이 나온다. 관광 가이드북에서는 중요하게 다루지 않았던 이 장소에는 몇 가지 추억이 깃들어 있어서 루브르 박물관에 온 이상 팔레 루아얄을 떠올리지 않을 수 없고 팔레 루아얄을 떠올린 이상 가보지 않을 수 없다. 파리에서는 항상 너무 많이 걷게 되기 때문에 무리하지 말아야지 다짐하지만 또 걷게 되어 버린다.

자원봉사로 유학생을 돕고 있었던 마담 파르망티에가 어느 하루를 통째로 비워 파리를 안내해 준 적이 있었는데 그때 그녀가 맨 먼저 데려간 곳이 바로 팔레 루아얄이었다. 지금은 공공 기관으로 헌법재판소와 행정재판소가 있고 그 외에 일층 회랑에 앤틱 가게나 화랑, 카페 등이 들어와 있다. 네모난 형태의 건물 가운데에는 정원이 있고 그 가운데는 분수가 있는 작은 연못이 있는데 여기서 사람들은 쉬거나 산책을 한다. 파르망티에 부인과 가운데 정원으로 들어섰을 때는 마침 아무도 없었고 마치 시간을 거슬러 올라 역사 속에 들어와 있는 것 같은 묘한 느낌과 함께 형언할 수 없이 아늑하고 강렬한 평화로움이 내 마음속으로 몰려왔다.

지금도 연못 주변엔 휴가를 떠나지 않은 파리지앵들이 책을 읽거나 스마트폰을 보거나 어설픈 낮잠을 청하고 있다. 연못을 지나는데 엄마를 따라왔는지 소꿉장난을 하고 있던 어린아이가 다가와 검지손가락으로 내 팔을 콕 찌르며 말한다. Tu parles français ?(너 프랑스어 할 줄 알아?) 혼자 놀기에 싫증이 나서 같이 놀자는 의미인지도 모른다. 금발의 곱슬머리 아이는 방금 연못에서 나온 물의 요정, 님프처럼 귀여웠다.

어린 나이에 왕이 된 루이 14세는 귀족들에게 시달리다 베르사이유로 거처를 옮겼다. 하지만 지금 그 공간은 과거의 번잡함과 공포와 권력, 그 어느 것도 남아 있지 않아 평온하기만 하다.

04
오페라 가르니에와 마들렌,
오르세 박물관

다른 사람들의 아침보다 이른 오전 아홉 시, 호텔을 나서는데 라파이에트 거리의 표지판이 눈에 들어왔다. 지하철 정기권이 있으면 승차 횟수에 신경 쓸 필요도 없다. 시내 방향으로 지하철을 탔다가 쇼핑의 유혹을 뿌리치지 못하고 한 정거장 만에 내리고 말았다. 하지만 이른 시간이라 아직 문을 열지 않은 백화점 주변은 가끔씩 한두 대의 차가 지나갈 뿐 적막하기까지 해서 이 커다란 가게, 그랑 마가젱(grand magasin, 백화점)은 영원히 문을 열지 않을 것만 같다.

라파이에트 백화점과 프랭탕 백화점

10시가 되자 라파이에트 백화점의 문이 열리고 안은 금세 중국인으로 가득 찬다. 루이뷔통 매장 앞에 긴 줄이 생긴다. 줄이 너무 길어 기다릴 엄두가 나지 않는다. 1층에는 가방과 액세서리가 진열되어 있다. 모두 세계적 브랜드이지만 역시 한국보다는 가격이 싸다. 1층을 힐끗 돌아보고 맨 꼭대기 층으로 올라가 보기로 한다. 옥상에는 벌써 일군의 관광객이 와 있었다. 멀리 몽마르트르의 사크레쾨르 성당이 보이고 다른 방향으로 에펠탑이 보인다. 건물 자체가 그다지 높지 않아 시내 전체가 나지막하게 조망된다. 에스컬레이터로 내려오다 보니 백화점 천장에는 푸른색이 주를 이루는 천장화가 그려져 있고 커다랗고 클래식한 샹들리에가 조명으로 매달려 있다. 건물 자체가 볼거리인 셈이니 쇼핑하러 파리에 왔느냐는 스스로의 질책에 변명거리가 생겼다. 하지만 서울보다 낮은 파리의 기온을 핑계로 2층에서는 질 샌더 남색 카디건을, 나에게 주는 선물이라며 1층에서는 파슬 손목시계를 산다. 세일까지 하고 있다. 지하 1층을 오가며 면세 서류를 만들고 나자 큰 행복감이 밀려온다.

라파이에트 백화점 바로 옆에 있는 프랭탕(Printemps) 백화점은 프랑스어로 '봄 백화점'이라는 뜻이다. 백화점 건물 맨 위쪽에 '오 프랭탕(Au Printemps)'이라는 글귀가 보인다. '프랭탕에서'라는 뜻으로 즉 프랭탕에서 쇼핑을 많이 하라는 얘기가 아닐까 생각한다. 쇼핑을 작정하고 파리에 가면서 프랭탕을 찾아온 사람들이 건물을 바로 앞에 두고도 한참을 헤맸다는 얘기를 들은 적이 있었다. 이유는 간판이 프랑스어로 되어 있을 줄은 몰랐다는 것. 나중에야 '아, 저게 프랭탕이었어?' 했다고 한다. 사람들은 종종 가본 적도 없지만 자주 접했기 때문에 그곳을 잘 알고 있다고 생각하는 실수를 저지른다. 80년대에 서울 을지로에 같은 이름의 백화점이 있었다. 하지만 시내 다른 백화점과 분위기가 달랐던 이 백화점

라파이에트 백화점은 지은 지 백 년이 넘은 프랑스 건축문화유산으로
돔 양식의 화려한 스테인드글라스 천정과 실내 테라스로 유명한데
시즌마다 장식을 바꾸어 언제 가도 항상 새롭다.

은 오래 가지 않아 문을 닫고 말았다. 80년대 서울의 프랭탕과는 달리 파리의 프랭탕은 몇 년 후 개점 160주년을 앞두고 있다.

라파이에트 백화점과 프랭탕 백화점은 바로 옆에 붙어 있어서 건물로는 잘 구별이 되지 않지만 두 백화점의 정면 회랑은 서로 다른 분위기로 장식되어 있고 쇼윈도의 콘셉트도 달라서 이 두 곳이 서로 다른 곳임을 알게 해준다. 라파이에트의 회랑 천장은 초록 풀들로 가득 채워져 있고 프랭탕은 이름에 맞게 분홍색 꽃들로 채워져 있다. 쇼윈도는 고풍스런 이름의 라파이에트가 단순하게 상품을 진열해 놓아 좀 평범하게 느껴지는 반면 프랭탕은 기하학적이고 전위적으로 보인다. 우리나라의 롯데와 현대 백화점 정도의 차이라고 할 수 있을까.

오페라의 유령, 오페라 가르니에

<오페라의 유령, Le Fantôme de l'Opéra>은 우리에게 정말 잘 알려진 뮤지컬인데 원작은 프랑스 작가, 가스통 르루(Gaston Leloux)의 소설이다. 가스통 르루는 북아프리카 등 전 세계를 다니며 기사를 썼던 신문 기자였는데 애드거 엘런 포나 코난 도일과 같은 작가가 되는 것이 소망이었다고 한다. 하지만 작가로서는 별다른 성공을 거두지 못하다가 1907년 《노란 방의 비밀》을 발표하여 좋은 평가를 받았고 1910년에는 《오페라의 유령》을 발표하여 당대 최고의 추리 소설 작가 반열에 오르게 된다. 《오페라의 유령》은 1935년 무성 영화로 만들어진 이후 영화, 연극, 뮤지컬 등으로 재탄생을 거듭하면서 100년 이상 대중의 사랑을 받고 있다. 뮤지

오페라의 유령의 배경이 되고 있는 파리의 오페라 하우스,
오페라 가르니에(Opéra Garnier)는
세계에서 가장 아름답다는 평가 속에 높은 완성도를 자랑하는 건축물이다.

아름다운 오페라하우스홀
바쁜 스케줄을 가지고 파리를 방문하는 사람들은 대부분 오페라의 외관만 보고
오는 경우가 많은데 이곳의 진정한 아름다움을 느끼려면 내부를 보아야 한다.

컬 <오페라의 유령>에 나오는 곡들은 <에비타>, <캐츠>에 나오는 음악의 작곡가이기도 한 영국인 앤드류 로이드 웨버의 작품이다. <오페라의 유령>의 메인 테마 곡에는 작품을 절대 잊지 못하게 하는 마력의 힘이 있어 들으면 들을수록 빠져든다.

작품의 공간 배경이 되고 있는 파리의 오페라 하우스, 오페라 가르니에(*Opéra Garnier*)는 세계에서 가장 아름답다는 평가 속에 높은 완성도를 자랑하는 건축물이다. 나폴레옹 3세 때 파리시가 대대적으로 정비되는 가운데 공모로 뽑힌 샤를 가르니에의 설계에 따라 지어졌다. 바쁜 스케줄을 가지고 파리를 방문하는 사람들은 대부분 오페라의 외관만 보고 오는 경우가 많은데 이곳의 진정한 아름다움을 느끼려면 내부를 보아야 한다. 나 역시 처음에는 내부를 보지는 못했다. 파리를 갈 때는 언제나 바캉스 시즌이어서 공연이 없었고 학생 시절엔 티켓을 살만한 돈이 없었기 때문이다. 언젠가 오페라 가르니에의 현관에서 수위 아저씨와 이야기를 나눈 적이 있었는데 "지금은 여름이라 공연이 없으니, 안에 들어가 봐야 아무 것도 없다"는 대답만 들을 수 있었다. 대화를 나누는 동안 1층 홀의 고풍스러운 모습이 얼핏 보였다. 그때와 달리 지금은 공연이 없어도 내부를 볼 수 있다. 파리시가 관광 자원으로 오페라 가르니에를 이용하기 시작한 것이다. 지하철 통로 곳곳에 오페라 가르니에를 보러 오라는 광고 화면이 설치되어 있다. 입장표는 꽤 비싼데 중앙 입구의 아름다운 계단과 고풍스러운 와인 색깔의 의자로 가득 찬 공연장, 베르사이유 궁전의 거울의 방을 연상시키는 대연회장, 책이 빼곡하게 들어찬 도서관, 특히 샤갈이 그린 천정화 '꿈의 꽃다발'을 보고 나면 돈이 아깝다거나 하는 후회는 없다. 관람자 출구에 있는 기념품 가게에서는 메트로, 불로, 도도(métro, boulot, dodo) 대신, 메트로, 불로, 오페라(métro, boulot, opéra)라는 글귀가 쓰여 있는 티셔츠를 팔고 있는데 '지하철, 일, 잠'의 일상에서 벗어나 일이 끝나면 오페라를 보러 오라는 뜻이다. 오페라 가르니에로는 지하철 3, 7, 8호선이 지나간다. 파리의 중심부에 있기때문에 파리에서 지내다 보면 수시로 지나다니게 되어 점차 화려한 이 건물에 무심해진다. 파리지앵들도 대부분 그런 것 같다.

마들렌 성당

오페라 가르니에에서 나오면 바로 앞쪽으로 마들렌 성당(Église de la Madeleine)이 한눈에 들어온다. 마들렌은 막달라 마리아의 다른 이름이니까 노트르담과 의미적으로는 같은데 뾰족한 첨탑이 없어서인지 외견상으로는 좀 더 아담하고 순해 보인다. 파리에서 고딕 양식이 아닌 그리스 로마 양식을 따른 유일한 고대 건축물이다. 하지만 실내가 어두운 것은 다른 고딕 양식 성당들과 마찬가지다. 이렇게 성당의 실내가 어두운 것은 바깥세상과 다른 신의 영역을 표현하기 위한 것이라고 한다. 하지만 옛날에는 건축 재료가 주로 돌이었기 때문에 창문을 내기가 쉽지 않아서 대체적으로 모든 건물의 실내가 어두웠던 게 아닐까 싶다. 교회 외벽 상단의 <최후의 심판> 부조와 내부의 <막달라 마리아의 승천> 상이 유명하다고 하여 열심히 찾아보았다.

한편 프랑스에는 마들렌 성당과 같은 이름의 과자가 있다. 빵집에 가면 유리 진열장 안에 손가락처럼 길쭉하게 생긴 마들렌을 볼 수 있는데 폭신폭신한 카스텔라 질감에 달콤한 맛이 난다. 어린 시절 간식으로 많이 먹기 때문에 프랑스인에게 마들렌은 유년기의 향수를 불러일으키는 과자이기도 하다. 인간 내면의 기억 세계를 집요하게 파고들어 모더니즘 소설의 지평을 연 것으로 평가되고 있는 마르셀 프루스트는 《잃어버린 기억을 찾아서》라는 작품에서 홍차에 찍어 먹는 마들렌의 맛을 매개로 과거로의 추억 여행을 하곤 했다.

마들렌 성당을 나오면 바로 앞이 콩코르드 광장이고 광장을 지나면 센 강이 보인다.

파리의 상징, 센 강

호텔 외젠 앙빌(*Eugène en Ville*)의 손님들은 아마 스페인이나 독일이나 북유럽의 어디쯤에서 왔다. 혹은 바다 건너 영국이나 미국에서 왔을 것이다. 호텔 1층에는 언제나 아침식사를 하는 사람들과 약간 들뜬 표정으로 하루의 일정을 시작하기 위해 호텔문을 나서는 사람들, 이제 막 도착하거나 자기 나라로 돌아가는 사람들이 있다. 그래서 로비와 복도, 식당에는 다양한 표정과 옷차림이 있고 이국적인 엑센트들이 흘러다닌다. 아마 젊은 날에는 갑자기 혼자가 되었다는 불안감이 지배했을 지도 모른다. 하지만 이제는 카톡이 있고 페북이 있고 유튜브가 있다. 아침식사를 마치고 방으로 돌아와 핸드폰을 만지면 거기엔 가족과 친구와 한국이 있다. 어떤 의미에서는 이제 해외여행이라는 개념이 상실되었을 지도 모른다. 그런 생각을 하느라 그날 나는 약간 맥이 빠진 채로 센(Seine) 강으로 향했다.

처음으로 센 강을 본 사람들은 '뭐 이렇게 작아?'라고 말하곤 했다. 곧 이어 '역시 우리 한강이 크구나'라는 코멘트가 따라왔다. 중학교 때인가, 무슨 일이었던가 프랑스 여행을 다녀온 아버지도 그렇게 말씀하셨다. 퐁 뇌프 다리, 알마 다리, 미라보 다리, 센 강의 교각 중 가장 아름답다고 하는 알렉상드르 3세 다리, 모두 몇 분이면 건널 수 있을 정도로 센 강은 폭이 좁다. 하지만 센 강은 프랑스에서 세 번째로 큰 강이다. 센 강이 큰 강인 이유는 폭이 넓어서가 아니라 길이 때문인데 강은 프랑스 동부 지방에서 발원하여 멀리 영국 해협까지, 무려 776킬로미터를 흐른다. 하지만 세계인이 센 강에 매료되는 것은 이러한 강의 규모 때문은 아닐 것이다. 파리의 이미지가 낭만과 자유, 정체를 알 수 없는 로맨티시즘과 관련된 것처럼 센 강 역시 관광객에게는 로맨티시즘의 상징이기 때문이다. 센 강을 따라 걷거나 유람선을 타면 금방이라도 누군가와 사랑에 빠지게 될 것 같은 환상이 존재한다.

센 강은 폭이 좁기때문에 사람들을 위협하지 않고 친근하고 편안한 느낌을 준다. 건물들이 센 강을 따라 줄지어 있어서 어디에 있더라도 마음만 먹으면 금방 강변을 걸을 수 있다. 옛날에는 강을 따라 고서적을 파는 작은 가게가 죽 들어서 있었지만 지금은 거의 남아 있지 않다. 그 시절, 사진 속의 파리는 더욱 고풍스럽고 낭만적인 분위기가 있었다.

기욤 아폴리네르는 센 강을 바라보며 <미라보 다리>라는 시를 통해 흐르는 강물과 덧없는 사랑을 노래했고 레오 카락스는 <퐁뇌프의 연인

들>이라는 영화에서 퐁뇌프 다리에서 피어난 두 남녀의 사랑을 그렸다. 아마 호텔 외젠 앙빌 손님들은 유람선을 타고 있다. 나는 강을 바라보다 그들에게 손을 흔들었다.

19세기 회화가 가득한 오르세 미술관

센 강의 다리를 오가다 보면 어느새 오르세 미술관(*Musée d'Orsay*)이 눈앞에 있다. 공부할 때는 물론이고 파리 여행 때마다 들렀으니 굳이 다시 들어가 볼 필요가 없다는 생각이 들기도 하지만 관광객들이 길게 늘어선 사이로 프랑스어가 들려 오늘이 혹시 무료입장인 날이냐고 물어보자 한 청년이 그렇다고 대답한다. 오르세는 여전히 매월 첫째 주 일요일이 무료다. 관광객이 이렇게 많아도 무료입장인 날이 정해져 있는 것은 아마 평등 개념과 관련이 있다. 어떠한 상황에서도 비용 때문에 미술관 관람을 하지 못하는 사람이 있어서는 안된다는 것. 하지만 한낮의 햇볕은 뜨겁고 무료 입장일의 오르세 미술관 줄은 너무 길다. 근처의 골목으로 들어가 마음에 드는 카페에 자리를 잡는다. 벽에 오늘의 메뉴가 붙어 있다. 세 가지가 쓰여 있는데 그중에서 '살라드 이탈리엔느', 이탈리아식 샐러드가 마음에 든다. 프랑스는 프랑스가 아닌 다른 곳을 동경한다. 이탈리아나 일본, 태국, 몽골 같이 먼 곳. K-Pop이 있는 한국과 같은 곳. 자세히 살펴보지 않고 바로 주문을 하니까 '벌써 고르셨군요'하며 가르송은 가져왔던 메뉴판을 접는다. 나는 약간 겉멋이 든 고등학생처럼 대낮인데도 맥주를 한 잔 시켰다. 맥주까지 곁들이니 아보카도와 오렌지, 베이컨에 몇 가지 견과류, 녹색 야채가 잔뜩 들어간 샐러드는 이국적이면서도 한 끼 식사로 충분하다. 테이블이 촘촘하게 배치되어 있어 옆자리의 여자가 들여다보고 있는 스마트폰의 화면이 언뜻 눈에 들어오는데 뜻밖에 한글이다. 그녀에게 말을 거니 오르세 미술관에 한국에서 온 관광객을 들여보내 놓고 나올 시간을 기다리고 있는 파리 유학생이라고 한다.

오후 두세 시, 점심시간이 되자 식당에 사람들이 늘어나는 만큼 오르세 미술관에 입장하려는 줄이 짧아져 있어 슬슬 입장을 준비한다. 오르세측이 뮤지엄 패스 소지자나 단체 관람객이 이용하는 출입구까지 모두 개방했기 때문에 금방 들어갈 수 있었다. 오랜만에 파리에 와서 기차역을 개조해 만든 이 미술관을 천천히 돌아보고 있으니 문득 제롬이 '너, 그런 따분한 데를 왜 가?'라고 하면서 웃었던 일이 생각났다. 교과서에서나 보던 그림을 실제로 볼 때의 설레임을, 언제라도 마음만 먹으면 볼 수 있지만 결코 미술관을 가보겠다거나 하는 마음 같은 것은 먹지 않는 그는 이해하지 못한다. 그러다 나는 어떤 그림 앞에 선다. 팡탱 라투르의 <테이블>이다. 세잔, 고흐, 르누아르처럼 유명한 작가의 작품도 좋지만 팡탱 라투르의 <테이블>은 좀 더 각별하다. <테이블>이라는 작품에는 랭보와 베를렌느가 당대 시인들과 함께 테이블 양 구석에 앉아 있는 모습이 그려져 있는데, 그들은 견자의 시인답게 아득한 곳을 바라보는 듯하다. 또한 페이메이르의 <진주 귀걸이를 한 소녀>도 좋다. 놀란 듯이 뒤를 바라보는 소녀의 눈망울은 또렷하다. 마치 관객에게 무엇인가를 호소하는 것처럼 보인다.

오르세 미술관 ————
관광객이 이렇게 많아도 무료입장인 날이 정해져 있는 것은
아마 평등 개념과 관련이 있다. 어떠한 상황에서도 비용 때문에 미술관 관람을
하지 못하는 사람이 있어서는 안된다는 것.

너무 함부로 놓아둔 것이 아닐까 생각이 들 정도로 관람객의 접근이 쉬운 1층의 조각작품까지 둘러보고 나니 어느덧 오후 여섯 시, 이제 박물관이 문을 닫을 시간이다. 보관소에서 가방을 찾는 사람들이 분주하다. 밖으로 나오는데 아까 줄에 서 있을 때 보았던 두 쌍의 노부부도 이제 막 나오는 참이다. 저 두 커플은 각각 미국과 영국에서 왔고 여행오는데 드는 커플 당 비용은 대충 삼백만원 정도라고 했다. 그러니까 한국에서 가는 최소 비용의 절반 수준인 셈이었다.

오르세 미술관은 원래 기차역이었다가 미술관으로 탈바꿈한 곳이다. 그래서 박물관 벽에 설치된 커다란 두 개의 시계를 볼 수 있다. 루브르가 기원전 5천 년 작품부터 고전주의, 신고전주의 작품을 전시하고 있다면 오르세는 19세기 중반부터 20세기 초반까지의 작품, 밀레나 쿠르베 그림과 같은 사실주의 특히 현대 미술로 넘어가는 가교 역할을 하는 인상주의 작품을 주로 전시하고 있다. 1층에는 로댕을 비롯한 유명한 조각가의 작품들이 전시되어 있다.

05
로댕 미술관과
에펠탑

로댕 미술관(*Musée Rodin*)은 파리 7구, 나폴레옹 기념관 앵발리드 근처에 있는데 건물은 시인 라이너 마리아 릴케의 소유였다가 후에 로댕이 소유하게 된 대저택으로 주 건물인 비롱 관(*Hôtel de Biron*)과 넓은 정원으로 이루어져 있다. 첫 프랑스 여행 때 이후로는 들려본 적이 없지만 정원에 피어있던 빨간 장미와 로즈 뵈레를 모델로 한 <꽃 모자를 쓴 소녀>가 자꾸 기억이 나서 언젠가 꼭 다시 가보고 싶은 곳이었다.

오귀스트 로댕(*Auguste Rodin*)은 현대 프랑스가 낳은 세계적인 조각가이다. 평생에 걸쳐 제작한 <지옥의 문>이 대표작인데 우리나라에도 삼성 문화 재단이 구입한 7번째 에디션이 있으니 뿌듯한 일이다. 15세기 로렌초 기베르티가 제작한 피렌체 대성당의 <천국의 문>에서 영감을 얻은 <지옥의 문>은 200여 명의 인간 군상의 모습을 담고 있다. 문 위에는 아담을 형상화했다는 <세 망령>이 서 있고 문 내부의 맨 위쪽에는 우리에게 너무나 유명한 <생각하는 사람>이 배치되어 있다. 그 밖에도 <칼레의

오귀스트 로댕(Auguste Rodin)의
<생각하는 사람>
이 작품의 아래에는 로댕과
평생 그의 동반자였던
로즈 뵈레가 묻혀 있다.

시민들>, <키스>, <아들을 잡아먹는 우골리노>, <순교자>의 원형이 이곳에 들어 있다.

개인주택으로 사용되었던 곳이라 미술관은 왠지 모를 정감이 넘친다. 미술관의 입구를 들어서면 바로 비롱 관이다. 비롱 관에는 그 유명한 <키스>를 비롯한 다양한 로댕의 작품과 로댕의 제자이자 조수, 연인이었던 카미유 클로델의 작품이 전시되어 있다. 로댕에게 헌신했지만 결국 그녀는 정신병원에서 쓸쓸하게 생을 마감했다. 로댕의 <사색>은 그녀의 두상을 모델로 하여 제작되었다. 작품 속 우수에 젖어 있는 그녀의 눈빛이 절망적인 자신의 인생을 예견하는 듯하다. 하지만 지금 미술관은 대대적인 내부공사 중이라 많은 방들이 폐쇄되어 있어 정작 클로델의 작품은 볼 수 없다.

<지옥의 문>을 비롯한 로댕의 대작은 정원의 햇살 아래에 전시되어

있다. 정원을 걷다 보면 <지옥의 문>과 <세 망령>, <칼레의 시민들>과 만나게 된다. 이런 작품 배치는 자연스럽게 느껴지지만 대작들이 비와 바람 아래 그냥 놓여 있다는 사실이 약간 당황스럽기도 하다. 정원의 마지막에 <생각하는 사람>이 있다. 어린 시절, 초등학교의 정원에는 <생각하는 사람>의 모조품이 전시되어 있었다. 어렸던 나는 벌거벗은 채 턱을 괴고 앉아 있는 청동의 남자를 이해하기 어려웠다. 석고나 대리석 소재를 이용하여 살아있는 것 같은 표정과 근육의 움직임을 표현해낸 많은 작품에도 불구하고 오른쪽 팔꿈치를 힘겹게 왼쪽 다리 위에 올려놓은 이 <생각하는 사람>은 그래서 아직도 이해하기 힘들다. 이 작품의 아래에는 로댕과 평생 그의 동반자였던 로즈 뵈레가 묻혀 있다.

개인주택으로는 꽤나 규모가 큰 편이어서 정원 한켠에는 작은 카페테리아가 있다. 여기서 오랑지나 한 병과 기슈 한 조각을 사서 자리에 앉았는데 처마 끝에 앉아 아까부터 기회를 노리고 있던 비둘기가 기다렸다는 듯이 기슈를 향해 날아왔다.

가는 날이 장날이라고 미술관 내부공사에 이어 미술관 밖에는 시위가 있었다. 확성기에 대고 뭔가를 주장하는 여자의 목소리가 크게 들려왔다. 미술관 밖으로 나오니 경찰이 지하철역으로 가는 가까운 길을 막고 있다. 우회해서 돌아 나오다 보니 조금 더 걷게 된다. 하지만 이에 굴하지 않고 아예 바로 옆 앵발리드까지 걸어가 본다. 그러다 보니 아까 내렸던 바렌 역이 아니고 투르모부르 역이 보인다. 에펠탑이 더욱 가까워졌다. 갈아타야 하는 지하철 대신 한 번에 가는 버스가 있었으면 좋겠다는 생각이 든다. 마침 노선도를 꼼꼼히 살피고 있는 노부부가 있어 길을 물어본다. 예상대로 버스 노선은 그들도 모르고 지하철을 타면 환승 때문에 오히려 많이 걷게 되니 차라리 처음부터 걸어가라고 대답한다. 사실 에 펠탑은 매우 가깝게 보였다. 무작정 에펠탑 쪽을 향해 걷기 시작했다.

프랑스의 상징, 에펠탑

    에펠탑(*La Tour Eiffel*)은 세계적으로 이름이 알려진, 파리의 대표적인 랜 드마크다. 파리를 배경으로 하는 영화, 사진, 그림 그 어떤 것에도 에펠탑 은 반드시 나온다. 에펠탑을 보러 파리에 간다는 사람도 많다. 그런 만큼 에펠탑이 몇 년에 세워졌다든가, 높이가 몇 미터라든가, 에펠이라는 사람 이 만들었다든가 하는 이야기는 익히 들어와서 식상할 수 있는데 하여간 이 탑은 1889년에 에펠이 만든 높이 약 300미터의 탑이다. 약간 신기한 것은 사진 속의 에펠탑은 항상 멋있지만 실제로는 꼭 그렇지는 않다는 것이다. 처음 갔던 에펠탑은 너무 높아서 가까이에서는 사진을 찍어봐야 아랫부분만 나왔고 엘리베이터를 당기는 줄은 삐걱거려서 살짝 무섭기 까지 했다. 밀려드는 관광객 탓에 엘리베이터는 터질 것만 같았는데 여 태껏 에펠탑의 엘리베이터에서 사고가 났다는 뉴스는 들은 적이 없어 다 행이라고 생각하고 있다. 언젠가부터 현대식 엘리베이터가 새로 생겼다. 2층까지 티켓 따로, 꼭대기 3층까지 티켓을 따로 끊어야 해서 요금이 비 싸다. 2층에는 교사연수 때 와서 식사를 했던 현대적 분위기의 식당이 있 다.

    꼭대기까지 올라갔을 때 파리에서 가장 높은 곳에서 파리를 전망할 수

에펠탑(La Tour Eiffel)은 세계적으로 이름이 알려진, 파리의 대표적인 랜드마크다.
파리를 배경으로 하는 영화, 사진, 그림 그 어떤 것에도 에펠탑은 반드시 나온다.

있는 기쁨이 찾아온다. 지금까지 발 아프게 다녔던 장소들이 한눈에 들어오고 파리가 선적으로 설계되었다는 것을 한 눈에 알아볼 수 있다. 멀리 북쪽으로 사크레쾨르 성당이 보이고 남쪽으로는 몽파르나스 타워가 보인다. 밤에는 조금 어둡지만 아름다운 파리의 야경이 눈에 들어온다. 한번은 안개가 낀 적이 있었는데 나지막한 파리의 석조 건물들이 안개에 잠겨 있는 모습이 참 경이로웠다. 밤에 조명을 밝히는 에펠탑 자체도 파리의 야경을 멋지게 만드는 하나의 요소가 된다. 조명은 색깔을 바꾸면서 갖가지 형태로 탑을 밝혀준다.

파리에 살다 보면 에펠탑에 무관심해진다. 어딜 가나, 언제나 보이기 때문에 새삼스럽게 쳐다보지 않게 되는 것이다. 날씨가 좋은 날에는 에펠탑도 명랑해 보이고 비가 오는 날에는 에펠탑도 칙칙하고 우울해 보인다. 관광객들로 발 디딜 틈도 없는 지금, 에펠탑은 그냥 무심하게 보인다. 사람들이 두세 시간 줄을 서건 말건 관심이 없다.

에펠탑은 트로카데로 광장에서 사진을 찍었을 때 가장 예쁘게 전체가 잘 나온다. 이쪽에서도 바로 앞에 보여 가까이 있는 것처럼 느껴지지만 역시나 걸으면 오래 걸린다. 다리도 아프니 까 가까운 정류장에서 버스라도 타면 좋겠지만 역시나 버스 노선을 찾기 힘들어서 사람들 틈에 휩쓸려 함께 지하철역으로 걸어가게 된다. 에펠탑 근처에는 보란 듯이 크게 일본 문화원 건물이 있고 트로카데로 광장 근처에는 현대 미술 작품 전시관이 하나 있는데 1937년, 파리 만국박람회 때 일본 전시장으로 쓰였던 건물이라 이름이 팔레 드 도쿄(Palais de Tokyo, 도쿄궁)이다. 시내 중심가에서는 한국과 관련된 것이 쉽게 눈에 들어오지 않지만 그래도 지금 프랑스는 K문화 열풍에 휩싸여 있다. 한국어 강좌는 프랑스 젊은이들에게 인기가 있고 대학의 한국어과도 경쟁률이 높다. 마침 트로카데로 광장에서는 어느 나라에서 왔는지 모를 젊은이들이 모여 BTS의 노래에 맞춰 춤을 추고 있었다.

센 강 유람선, 바토 무슈

바토 무슈(*Bateau-Mouche*)는 센 강에서 가장 오래된 유람선 중의 하나로 약 100년의 역사를 자랑한다. 바토는 '배'라는 뜻이고 무슈는 '파리'라는 뜻인데, 이 이름이 프랑스어를 아는 여행자에게는 가끔씩 웃음거리가 된다. '파리'는 프랑스의 수도 파리가 아니라 한여름에 우리 어머니가 빨간색 파리채로 딱딱 때려잡던 그 파리이기 때문이다. 그러니까 유람선 이름은 '파리 배'라는 의미인데 회사나 학교 이름, 상표명은 사람의 이름을 차용하는 경우가 많은 유럽이고 보면 바토 무슈 소유주의 이름이 무슈가 아닐까라는 합리적인 추측을 하게 된다. 어쩌다 무슈 가문이 되었는지는 모르겠지만.

프랑스에 여러 번 가다 보면 에펠탑이나 개선문, 몽마르트르 언덕, 센 강 같은 곳은 더는 가지 않고 뭔가 다른 것을 구경할 것 같지만 실제로 그러기는 쉽지 않다. 어쩐 일인지 갈 때마다 일행 중에는 파리에 처음 온 사람이 한 사람쯤 끼어 있기 때문이다. 그래서 바토 무슈만 서너 번 정도는 탄 것 같은데 묘하게도 시간대는 다 달라서 제각각의 느낌이 있었다. 가장 좋았던 것은 당연히 해 질 무렵의 유람선이었다. 프랑스를 처음 가서 모든 것이 신기하고 좋기만 했던 그때, 가이드였던 상드린과 함께 탄 유람선에서 바라본 파리의 실루엣은 정말 눈물이 날 만큼 아름다웠다. 석양에 젖어드는 도시의 하늘빛은 뭐라 형언할 수 없는 오묘한 색채였고 가슴에 온갖 추억과 아름다운 감상과 세계에 대한 환상을 불러일으켰다.

최악의 유람선 산책은 아마 한낮이었던 걸로 기억한다. 일행에 대한 의무감으로 유람선을 탔던 데다가 며칠 째의 여행으로 벌써 지쳐 있어 2층에 앉아 햇볕을 제대로 받으며 꾸벅꾸벅 졸았다. 유람선을 탄 채로 잠을 잔 사람은 아마 나밖에 없을 것이다. 게다가 그때 센 강변에도 토플리스 차림으로 일광욕을 즐기는 사람이 있었는데 마침 노트르담 성당을 끼고 유람선이 도는 순간, 상반신을 노출한 여자의 모습이 짠하고 시야에 들어왔다. 사람들 사이에서 야유같은 탄식이 터져나왔다. 에펠탑과 콩시에르주리, 오르세 미술관, 루브르 박물관, 노트르담 성당 그리고 여자. 이상한 조합이었고 유람선 산책은 엉망이 되어 버렸다.

후에 다시 석양이 질 때, 유람선을 탈 기회가 있었지만 맨 처음 탔을 때처럼 좋지는 않았다. 같은 도시에 같은 석양이 내렸고 같은 불빛이 있었지만 색채는 달랐다. 무엇이든 처음이 가장 좋은 것인지도 모르겠다. 최근에는 여러 가지 유람선이 우후죽순 생겨난 데다 유람선을 무제한으로 타고 내리면서 박물관을 관람할 수 있는 티켓까지 생겨서 팬데믹 상황이 되기 전까지 바캉스 시즌의 센 강은 초만원이었다. 예전에는 어쩌다 한두 번 마주치던 배가 이제는 사방에 보여서 여기도 유람선, 저기도 유람선, 물보다 배가 많을 지경이다. 그럼에도 조명을 밝힌 아름다운 에펠탑이 이 모든 것을 압도한다.

06
마레와
보부르

보주 광장의 우아함, 마레 지구

중세시대의 교회와 파리 성벽의 흔적이 남아있는 마레(*Marais*)는 원래 '습지'라는 뜻을 가지고 있는 곳으로 간척 사업에 의해 주거 지역이 되었고 17세기 초, 프랑스 내 신교와 구교의 갈등을 종식시킨 낭트 칙령으로 유명한 앙리 4세가 마레 지구의 심장이라고 할 수 있는 보주 광장(*Place des Voges*)을 만들기 시작하면서 귀족들의 고급 주택가로 변모하게 되었다. 하지만 루이 15세 때 파리 생활의 중심이 바로 옆인 보부르(*Beaubourg*)쪽으로 이동하게 되자 귀족들은 생토노레나 생제르맹 거리에 집을 짓게 되었고 결국 마레 지구는 낙후된다. 혁명기에 심하게 훼손되기도 했던 이 지역은 1960년대 이후에 들어서 보수와 새 단장을 했다. 그렇기때문에 아직도 정원을 끼고 있는 우아하고 품격이 있는 주택을 많이 볼 수 있다. 집들은 박물관으로 개조되기도 했고 골목마다 들어선 최신 유행의 가게나 갤러리로 변신하기도 했다. 그래서 오래된 작은 골목에는 카페, 레스토랑, 브랜드 옷가게 등이 빼곡하게 들어차 있다. 서울의 서촌이나 뉴욕의 소호와도 비슷하다. 피카소 박물관과 빅토르 위고의 집도 여기에 있다. 마레 지구를 보고 온 사람들의 반응은 각양각색이다. '내가 정말 파리에 왔구나' 하는 느낌을 받았다는 사람이 있는 반면에 '이게 뭐지? 그냥 주택가인데' 하는 느낌을 받았다는 사람도 있다. 첫 프랑스 여행 때 나의 느낌도 그랬다.

어학연수 시절에 같은 반에 있던 스웨덴 여학생 앤과 함께 온 적이 있다. 피카소 박물관을 보기 위해서였다. 그때는 박물관 가는 길에 마주친 보주 광장이 마음에 들었다. 주택 단지 안의 광장, 벤치와 나무, 회랑 아래 카페와 식당이 좋았다. 하지만 파리에서도 동쪽에 위치해서 그런지 자주 가지는 못했다. 나중에 파리에 다시 가게 되었을 때 문득 마레 지구를 또 보고 싶다는 생각을 했다. 이 방문 때 마레 지구는 새롭게 단장이 되어 있었는데 프랑스답게 건물 외관 자체가 바뀌어 있지는 않지만 재미있는 가게들이 들어서고 소소한 것들이 달라져 있어서 확실히 이전의 마레 지구와는 느낌이 많이 달랐다.

문화의 광장, 퐁피두 센터

1977년에 개관한 퐁피두 센터(*Centre Pompidou*)의 정식 명칭은 국립 조르주 퐁피두 예술 문화센터(*Centre national d'Art et de Culture Georges-Pompidou*)이다. 보부르에 있기 때문에 보부르 센터라고 부르기도 하는데 내부에는 도서관, 비디오 및 음향자료실, 영화관, 국립 현대 미술관이 있

앙리 4세가 마레 지구의 심장이라고 할 수 있는 보주 광장(Place des Voges)을 ──── 만들기 시작하면서 이 지역은 귀족들의 고급 주택가로 변모하게 되었다.

어 늘 사람들의 발길이 끊이지 않는다. 센터가 건립된 당시의 대통령이 조르주 풍피두였다. 그의 이름이 곧 센터의 이름이 된 것이다.

이 건물의 특징은 건물을 지탱하는 철골 구조와 설비 배관이 바깥으로 모두 드러나게 설계되어 있다는 점이다. 빨강, 파랑, 녹색의 배관이 멀리서도 눈에 확 띈다. 이탈리아인 렌조 피아노와 영국인 리처드 로저스가 공동 설계한 것인데 철골 구조물과 함께 외부로 설치된 에스컬레이터가 현대적인 느낌을 준다. 실제로 파리 중심부에 있는 유일한 현대적 건축물이기도 하다.

퐁피두 센터의 도서관은 파리지앵에게 없어서는 안 될 장소다. 무료로 개방되는 도서관은 학생들은 물론, 할 일 없는 사람에게 시간을 보낼 수 있는 최고의 장소가 되어 준다. 관광객이 너무 많아 소란하고 복잡한 탓인지 이제 도서관 출입구는 미술관의 입구와 분리되어 있다. 관광객은 정면 중앙 출입구를 이용하고 도서관을 이용하는 사람은 측면 르나르 거리 쪽 출입구를 이용한다. 센터의 맨 꼭대기 층은 파리 현대 미술관으로 쓰이며 이곳의 상설 전시장에는 마티스, 피카소, 샤갈과 같은 20세기 화가의 작품이 전시되어 있다. 기획전에서 스페인 출신 화가 달리를 본 적도 있었다. 2015년 여름에는 르 코르뷔지에와 모나 하툼의 작품을 전시하고 있었다. 팔레스타인 출신으로 현재 영국에서 활동하고 있는 모나 하툼의 작품은 새롭고 신선하게 다가왔다. 잘라낸 손톱을 붙여놓은 작은 작품부터 전시실 하나를 다 차지할 정도로 거대한 설치 작품까지 폭넓은 그녀의 작품에 압도될 수밖에 없었다. 루브르 박물관이 고전, 오르세 미술관이 19세기를 전시한다면 퐁피두 센터는 현재를 전시하는 셈이다.

1977년에 개관한 퐁피두 센터(Centre Pompidou)의 정식 명칭은
국립 조르주 퐁피두 예술 문화센터
(Centre national d'Art et de Culture Georges-Pompidou)이다.

미로같은 전철역, 샤틀레 레알

파리에서 지내다 보면 가장 많이 지나다니게 되는 곳이 메트로 샤틀레 레알(Châtelet-les Halles)역이다. RER A, B, D 노선이 교차할 뿐만 아니라 샤틀레역과 레알역으로 연결되어 있어 1, 4, 7, 11, 14호선의 여러 지하철 노선으로 갈아탈 수 있기 때문에 메트로에서 가장 많은 환승이 이루어진다. 파리의 지하철 환승은 그 노선의 종점 이름만 알면 비교적 쉽지만 샤틀레 레알역은 좀 예외라고 해야겠다. 자주 가도 그 안에서 환승 통로를 못 찾아 헤맨다든지 출구를 잘못 나온다든지 하는 일이 생긴다. 어렵게 환승 통로를 찾았는데 갑자기 그 노선이 파업을 하고 있는 일도 있는데 그럴 때면 짜증이 제대로 날 수밖에 없다. 왕십리 전철 역사처럼 거대한 복합 쇼핑몰을 끼고 있어서 더 복잡한지도 모르겠다. 레알(les Halles)은 시장이란 뜻으로 샤틀레 레알역 근처가 원래는 마을의 시장 같은 곳이었기 때문에 붙여진 이름이다. 아무튼 그 내부 사정을 잘 모르는 사람들에게 샤틀레 레알역은 크레타의 왕비, 파시파에와 포세이돈이 선물한 황소 사이에서 태어난 미노타우로스가 갇혀 있었던 한번 들어가면 아무도 빠져나오지 못한다는 라비랭스(labyrinthe), 미로와 같은 막장 환승역으로 느껴지곤 했다. 파리시 당국도 그 사실을 잘 알고 있었는지 어느 해의 바캉스 시즌에는 수많은 관광객의 불편에도 불구하고 대대적인 내부 보수 공사를 하고 있었는데 그 결과 다음 여행에서 한국으로 돌아올 때는 깨끗해진 역에서 RER로 환승해 샤를 드골 공항으로 이동할 수 있었다.

07
시테섬과
라틴 지구

풍피두 센터와 그리 멀지 않은 시테섬 한가운데에는 노트르담 성당이
자리 잡고 있다. 시테 섬은 파리가 시작된 작은 섬으로 옛 파리의 중심부
라고 할 수 있다. 오랜만에 파리에 오면 항상 노트르담 성당을 봐야 한다
는 의무감에 사로잡힌다. 이른 아침, 샤틀레 역에서 지하철을 갈아타고
4호선 시테 역에 내렸는데 저 앞쪽으로 줄이 길다. 뭔지 모르지만 와 본
적이 없는 곳이라 같이 줄을 선다. 어깨너머로 관광객들이 보고 있는 책
자를 보니 언젠가 내부를 관람하러 들어갔다가 길을 잃어 헤맨 적이 있
었던 프랑스 대법원 바로 옆, 생트 샤펠(Sainte-Chapelle) 교회다. 한참을
기다려 입장권을 사고 교회의 2층으로 올라가 보니 벽 전체가 스테인드
글라스로 되어 있다. 스테인드글라스를 통과한 붉은 빛이 관광객들의 얼
굴을 비춘다. 형형색색의 빛을 통해 다른 세계로 들어가게 된 것처럼 모
두들 넋을 잃는다. 스테인드글라스의 왼쪽 맨 아래부터 시작해서 오른쪽
방향으로, 그림은 기독교 신화를 담고 있다. 옛날에는 글을 못 읽는 사람

들이 많았기 때문에 성경 말씀은 그림으로 쓰였다.

노트르담 드 파리

프랑스어로 노트르(*Notre*)는 '우리의'라는 뜻이고 담(*Dame*)은 '부인' 혹은 '여성'이라는 뜻이므로 이 두 단어를 합치면 '우리 모두의 여성' 즉 '성모 마리아'란 의미가 된다. 그러니까 노트르담(*Notre-Dame*)은 성당의 이름으로 고유 명사인데 흔히 파리에 있는 노트르담 성당으로 생각하기 쉽지만 사실 프랑스 전역에 노트르담이란 이름의 성당은 많고도 많다. 스트라스부르, 마르세이유, 랭스 등지에도 노트르담 성당이 있고 심지어 프랑스가 아닌 캐나다 몬트리올, 네덜란드 로테르담에도 있다. 가톨릭교회의 이름으로 그만큼 의미가 있기 때문에 흔히 사용되어서 일 것이다.

파리의 노트르담 성당이 유명한 이유는 당연히 파리에 있어서이겠지만, 고딕 양식 건물로서의 건축학적, 미학적 완성도 때문은 물론이고 1163년에 공사가 시작되어 13세기에 대략 마무리 된 후 아주 오랜 시간이 지난 18세기에 이르러서야 제대로 모습을 갖춘 성당으로 완성되었을 만큼 많은 노력과 정성이 깃들어 있기 때문이다. 프랑스 혁명 때 심하게 훼손되어 19세기에 대대적으로 보수된 것이 현재의 모습이다.

노트르담 성당 못지않게 우리에게 잘 알려진 것은 ≪파리의 노트르담, Notre-Dame de Paris≫, 빅토르 위고의 소설과 소설을 바탕으로 만든 뮤지컬이다. 예전에는 주로 '노트르담의 꼽추'라고 번역되기도 했는데 요즘 프랑스 번역 소설을 읽는 사람이 많지가 않아 아마도 '파리의 노트

프랑스어로 노트르(Notre)는 '우리의'라는 뜻이고 담(Dame)은
'부인' 혹은 '여성'이라는 뜻이므로 이 두 단어를 합치면
'우리 모두의 여성' 즉 '성모 마리아'란 의미가 된다.

르담' 하면 대부분 뮤지컬을 떠올릴 것이다. 내용은 집시 여인 에스메랄다와 그녀를 사랑하는 세 남자, 꼽추 콰지모도, 신부 프롤로, 근위대장 페뷔스와 그 주변 인물들의 이야기이다.

노트르담 성당은 나폴레옹의 대관식, 나치 치하로부터 해방된 것을 감사하는 국민 예배 등 수많은 역사적인 행사가 이루어진 곳이기도 하다. 노트르담 성당에 담긴 여러 일화를 알고 나면 이곳이 새롭게 보일 것이다. 종탑은 파리의 전경을 감상할 수 있는 곳이지만 여름철에는 관광객이 많아 오랜 시간 줄을 서서 기다려야 올라갈 수 있었는데 지금은 2019년의 화재로 사람들의 출입이 전면 통제되고 있다.

대학가의 활기가 느껴지는 카르티에 라탱

셍트 샤펠 교회에서 가까운 꽃 시장을 지나 노트르담 성당을 보고 센 강으로 나오면 바로 건너편이 카르티에 라탱(Quartier Latin), 소르본과 같은 파리의 주요 대학과 앙리 4세 고등학교, 루이 르그랑 고등학교와 같은 명문 학교들이 모여있는 라틴 지역이다. 옛날에는 모든 책이 라틴어로 쓰여 있어서 학생들은 라틴어를 공부해야 되었기 때문에 붙여진 이름이다. 소르본에 유학생이 많기 때문인지 소르본 근처에는 이태원처럼 온갖 국적의 식당들이 모여 있다. 제롬과 식사했던 장소를 떠올리며 골목을 걷는다. 중국집과 그리스 식당, 모로코 식당에 가곤 했었는데 그게 어딘지 아직도 기억날 리는 없다. 지금 골목에는 풍뒤 식당, 스시 집, 샌드위치 가게 등이 다양하게 있다. 메뉴에 물 오 프리트(Moules aux frites)라고 적어놓은 집이 있어서 들어간다. 홍합에 감자튀김을 곁들인 서쪽 바닷가, 부르타뉴 지방의 음식인데 파리에 와 있다. 파리지앵처럼 테라스 자리에 앉아 식사를 한다. 조금 있다 보니 한국인 관광객들이 지나가며 그게 뭐냐고 물어본다. 조금 더 있으니 집시로 보이는 나이 든 여자가 다가와서 배가 고프다며 감자튀김을 좀 달라고 한다. 감자튀김을 한 주먹 집어 주고 동전도 몇 개 준다. 테라스 자리가 꼭 낭만적인 것만은 아니라는 생각을 하게 된다.

식당이 있는 골목에서 생 미셸 거리로 나와 조금 올라가면 소르본 대학이 나온다. 소르본 대학 입구의 경비원은 관광객의 입장을 통제한다. 들어가도 되느냐고 물었더니 입구의 가이드라인을 가리키며 이 선 안에서 보라고 하는데 여기서 보이는 것은 마당과 건물의 외벽뿐이다. 코로나 상황에서 취하게 된 조치 같다. 주변에서 서성거리고 있다 보니 학생들이 드나든다. 백팩도 메고 있겠다 싶어 학생인 척하면서 그들과 함께 내부로 들어갔는데 이번에는 아무도 제지를 하지 않는다. 늘 생각하는 것이지만 되는 것도 없고 안되는 것도 없는 나라가 프랑스다.

파리지앵의 여유를 느낄 수 있는 뤽상부르 공원

뤽상부르 공원(Jardins du Luxembourg)은 소르본 대학이 있는 파리 5구의 카르티에 라탱과 반대편 6구를 나누고 있는 생 미셸 거리의 작고 아담한 공원이다. 오늘처럼 시테 섬에서 출발하여 생 미셸 거리를 걸어 뤽상부르 공원에 도착할 수도 있는데 파리에 있을 때는 RER를 타고 바로 뤽상부르 역에서 내리곤 했다.

뤽상부르 공원은 뤽상부르 궁전의 정원이었다. 이 궁전은 앙리 4세의 암살 사건으로 인해 설립되었다. 때는 1610년, 남편 앙리 4세가 암살되자 왕비였던 마리 드 메디치는 그와 시간을 보냈던 루브르 궁전에 계속 남아있을 수가 없었다. 고국이 그리워졌는지 고향 피렌체에 있는 궁전과 같은 장소를 마련하고자 했는데 그것이 바로 뤽상부르 궁전이었다. 궁전은 현재 프랑스 상원이 사용하고 있고 정원은 공원이 되어 파리시민들의 휴식 공간이 되었다. 공원에는 메디치 분수대, 어린이 놀이터, 테니스 코트 등이 있다. 분수대 주변으로 의자가 놓여 있고 마로니에 나무 아래에는 긴 벤치도 있어서 사람들은 여기 앉아 일광욕을 즐기거나 책을 읽는다. 가족이나 친구들과 함께 프랑스 전통 스포츠 페탕크를 즐기는 사람들도 있지만 대체로 공간은 매우 조용하다. 한번은 이곳에서 일군의 한국 여고생을 만난 적이 있었다. 그림을 배우고 있는 학생들이었는데 입시 학원에서 단체로 왔다고 했다. 공원 여기저기에 앉아서 스케치를 하고 있었다. 습작을 위해 파리까지 오다니 그들의 열정이 대단할 뿐이었다.

파리에 있는 동안 수없이 생 미셸 거리를 오갔지만 막상 뤽상부르 공원에서 시간을 보낸 적은 많지 않았다. 구경하러 몇 번 들렸던 것이 전부였을 정도로 그곳에서 여유 있는 시간을 보내지는 못했다.

08
셍 제르맹
데 프레

파리 좌안 6구의 셍 제르맹 데 프레(*Saint-Germain-des-Prés*) 거리는 20세기 초 프랑스의 예술과 철학이 꽃피었던 곳으로 파리에서 가장 오래된 셍 제르맹 데 프레 성당이 있는 곳이기도 하다. 셍 미셸 거리에서 그다지 멀지 않지만 오늘도 이미 많이 걸었기 때문에 택시를 탄다. 며칠 전 택시를 탔을 때에는 아직도 지도책을 찾아보는 할아버지 기사를 만났는데 이번에 탄 택시에는 네비게이션도 달려 있고 기사아저씨도 젊은 편이다. 일방통행인지 택시는 셍 미셸 거리를 따라 내려가서 좌회전을 하고 센 강변을 따라가다 다시 두 번 좌회전을 한다. 기사는 창밖에 보이는 건물을 하나하나 손으로 가리키며 '여기는 프랑스의 모든 돈을 만들어 내는 파리 조폐 공사다, 여기는 프랑스 국립 행정 대학 에나(*ENA*)다'라고 말하며 가이드 역할까지 해준다. 바캉스 철이라 파리지앵이 모두 휴가를 떠나고 없어 도로가 막히지 않는 거라고도 덧붙인다. 그리고 정확히 카페드 플로르 앞에 내려준다.

셍 제르맹 데 프레 성당
이 성당의 뒷골목엔 일반인에게 잘 알려지지 않은
들라크루아 미술관(Musée Delacroix)이 있다.

《파리는 날마다 축제》 속의 카페 드 플로르

생 제르맹 데프레 거리에는 '카페 레 되 마고'와 '카페 드 플로르(*Café de Flore*)'가 나란히 있다. 이 두 카페는 수많은 지식인이 드나들며 20세기 초 철학, 문학, 사상을 꽃피웠던 곳이다. 특히 카페 드 플로르는 알베르 카뮈, 에디트 피아프 같은 유명인이 드나들었으며 롤랑 바르트, 장 폴 사르트르, 시몬 드 보부아르 같은 철학자들이 사랑했던 장소로, 지금도 프랑스의 명사들이 단골로 드나드는 카페다. 헤밍웨이가 파리 특파원 시절을 회고하며 쓴 《파리는 날마다 축제》라는 책에서도 카페 드 플로르가 나온다. 헤밍웨이는 파리의 특별한 분위기를 사랑하여 주로 카페에서 글을 썼다. 그는 겨울날 어느 카페에서 글을 쓰다 추워지면 난로가 있는 '카페 드 플로르'로 자리를 옮겼다고 한다.

한여름 휴가철에 카페 드 플로르를 점령하고 있는 것은 주로 관광객 군단이다. 여유 없이 빼곡하게 놓인 테이블에 앉아 있으면 사방에서 서로 다른 언어가 들려온다. 영어, 독일어, 북유럽 어디쯤의 언어도 들을 수 있다. 프랑스어를 사용하는 사람은 가르송뿐이다. 그런데 지금은 연중 손님이 가장 많은 바캉스 시기인데도 카페 드 플로르는 문을 닫고 있다. 플로르, 꽃의 여신이라는 이름에 걸맞게 카페 외벽 테라스가 생기 넘치는 꽃으로 장식되어 있어 카페가 완전히 문을 닫은 것은 아니라는 것을 알 수 있지만 실망감이 밀려온다.

20세기 초 명사들의 아지트, 카페 레 되 마고

카페 레 되 마고(*Café les deux Magots*)는 카페 드 플로르와 함께 파리 카페의 양대 산맥을 이루는 곳이다. 카페 드 플로르와 나란히 있어 이 둘 사이에는 왠지 모를 경쟁심이 있지 않을까 싶기도 하다. 카페 레 되 마고 역시 20세기 초 당대의 지식인, 예술가, 정치인들, 생텍쥐페리, 지로두, 사르트르와 보부아르의 단골 카페였다. 또한 피카소와 헤밍웨이의 카페이기도 하다. 이브 몽탕과 세르주 갱스부르도 생 제르맹 데프레에 살았으니 이 카페의 단골이었을 지도 모르겠다.

파리에서 공부할 때는 카페 레 되 마고 앞을 지나다니면서 '아, 이게 그 유명한 카페구나'라고 했을 뿐 들어가서 커피를 마신 적은 한 번도 없었다. 유명한 만큼 비싸기도 했지만 그때는 유명한 곳에 가서 꼭 커피를 마셔봐야겠다는 생각도 없었다.

카페에 들어가니 메뉴판과 함께 카페를 설명하는 리플릿을 준다. 마고는 '아시아 인형'이라는 뜻으로 카페가 중국산 비단 등 아시아에서 온 사치품을 팔던 장소였기 때문에 붙여진 이름이라고 쓰여 있다. 내부는 별로 넓지 않은데 지금도 기둥에는 상인의 표정을 한, 두 개의 아시아 인형 장식이 남아 식사를 하는 사람들을 내려다본다. 옛 실내 장식의 기본을 그대로 유지하고 있어서 새것을 좋아하는 사람들에게는 전체적으로 낡았다는 인상을 줄 수도 있을 것 같지만 이 모든 것은 오래 되었으므로 그들에게도 여행자에게도 소중한 것이 된다.

바캉스 시기의 마고는 세계 각국에서 몰려온 관광객으로 빈자리가 거의 없는데 카페 드 플로르가 문을 닫고 있는 지금은 더욱 그렇다. 오후 세 시가 훌쩍 넘었는데도 간단한 스낵이나 스파게티로 점심식사를 하는 사람들로 인해 빈 테이블이 없다. 손님이 많은 만큼 가르송은 바쁘지만 피곤한 기색 없이 명랑한 얼굴로 손님들에게 말을 걸며 테이블 사이를 돌아다니고 있다. 수입이 많기 때문이다. 카페의 반지하에 있는 화장실 또한 청소하는 사람에게 팁을 주는 방식으로 사용료를 내야 한다. 이렇게 자잘한 것에 돈을 받는 대신 마고는 1933년부터 마고 문학상을 만들어 신진 작가에게 상을 수여하고 있다. 젊은 문학도를 격려하기 위해서다. 이 카페를 번성하게 해준 문학인들에 대한 답례일지도 모른다.

그렇게 카페에 자리 잡고 앉아 시간을 보내고 있으니 문득 마담 파르망티에, 그녀와 함께 갔던 카페가 떠올랐다. 카페 드 플로르였을까. 이름은 비슷한 것 같은데 확실히 기억나진 않는다. 그때 갔었던 카페는 분명 센 강이 눈앞에 바로 펼쳐지는 전망을 가지고 있었다. 거기가 어디였는지 갑자기 궁금증이 밀려와 곰곰이 생각하고 있으려니 바로 옆 테이블에서 한국인처럼 보이는 여자애들이 영어로 대화를 하고 있는 게 들려온다. 유창한 영어인데 좀 있다 보니 간간히 한국말도 섞여있다. 그때, 마담 파르망티에가 팔레 루아얄 다음으로 안내해 주었던 곳은 생 루이 섬이었다. 골목길에 빼곡히 박혀 있는 네모난 돌들을 가리키면서 이런 것이 파리의 참모습이라고 했었다. 생 루이 섬은 시테 섬 바로 옆에 있는 더 작은 섬이다. 그리고 보니 그때 갔던 카페는 노트르담 성당이 있는 시테 섬에 있을지도 모른다는 생각이 든다. 시테 섬에는 꽃 시장이 있고 플뢰르(*fleur, 꽃*)는 플로르와 발음이 비슷하다. 내가 추측한 그곳이 맞을 것이다. 여전히 여자애들은 대화를 나누고 있고 테이블이 너무 붙어있어 나는 본의 아니게 계속 그들의 대화를 듣게 된다. 마담 파르망티에와 나눴던 이야기도 어쩌면 다른 사람이 함께 들었을지도 모르겠다.

마담 파르망티에와 함께 갔던 카페의 벽에는 박물관에나 있을 법한 분위기의 그림이 걸려 있고 나이 든 가르송도 격식을 갖춘 차림이어서 전체적인 분위기는 중후했다. 테이블과 의자도 그랬다. 그때는 카페를 제대로 느낄 수 있는 안목이 전혀 없을 때여서 그런 분위기에 약간 위축된 채아직도 오스트리아와 독일어 억양이 약간 남아 있는 마담 파르망티에의 설명을 간신히 따라잡고 있었다. 겨울이었고 실내에는 평소 그 카페에 드나드는 단골손님만 군데군데 앉아 있었다. 카페오레가 담긴 커피잔에는 꽃무늬가 가득하고 받침에는 커피에 곁들여 먹는 트뤼프라는 작은 초콜릿 과자가 놓여 있었다.

한적한 여유를 느낄 수 있는 들라크루아 미술관

일반인에게 잘 알려지지 않은 들라크루아 미술관(Musée Delacroix)은 생제르맹 데 프레 성당의 뒷골목에 있다. 개관은 아침 10시다. 파리에서 공부하던 시절, 예상보다 좀 일찍 학교에 도착해서 근처를 돌아볼 시간이 있었는데 크고 작은 가게와 서민들이 즐겨 찾는 시장이 있었다. 파리의 아침이지만 조용하지 않았고 분주한 상인들로 인해 시장은 활기에 찼고 생동감이 돌았다.

주택을 개조해서 만든 들라크루아 박물관에는 주로 작은 작품들과 그의 편지가 소장되어 있다. <민중을 이끄는 자유의 여신>과 같은 대작은 루브르 박물관에 전시되고 있기 때문이다. 풍경화와 파우스트의 이야기를 묘사한 그림을 볼 수 있다. 조르주 상드, 보들레르, 제리코 등과 주고받은 편지도 있다. 다들 예술가로 이름을 알렸으니 정말 대단한 친구 사이가 아닐 수 없다. 오전 시간, 미술관에는 관람객의 발소리와 마룻바닥이 삐걱거리는 소리만이 가끔씩 들려왔다.

09
몽마르트르와
피갈거리

　목줄을 차고 있는 강아지 한 마리를 데리고 있는, 중절모에 양복 차림을 한 여자가 호텔 외젠 앙 빌(*Eugène en Ville*)의 로고이다. 샴푸며 비누에 새겨져 있는 것은 물론 TV의 첫 화면에도 이 로고가 뜨는데 옷차림을 유심히 보다 문득 외젠이 남자가 아닐까 하는 생각을 한다. 프랑스어에서 'e'로 끝나는 단어는 대체로 여성을 뜻하니까 사람 이름도 마찬가지일 거라고 생각하고 있었는데 예외라는 것도 있으니 약간 의심이 들었던 것이다. 게다가 영어로는 '유진'이라고 발음되는데 이 이름은 남자나 여자, 모두 사용할 수 있는 이름이다. 그리고 보니 로고에 그려진 사람의 실루엣은 투박하고 거칠다. 자세히 보니 콧수염도 있는 듯하다. 그러니까 로고에 있는 사람은 여자가 아닌 남자인 게 분명하다. 단어가 'e'로 끝나는 탓에 대단한 착각을 하고 있었던 셈이다.

　외젠 앙 빌에는 하루에도 수많은 사람이 드나든다. 아침에 호텔을 나서다 보면 우리가 보통 떠올리는 모습의 유럽인과 레게머리를 촘촘히 땋은 아프리카계, 나와 같이 평평한 얼굴을 한 동양인 등 다양한 사람들이 보인다.

호텔의 아침 뷔페는 빵과 커피나 우유, 주스만이 제공되는 프랑스식이 아니라 우리나라 호텔의 조식과 별반 다름이 없다. 관광객이 늘어나는 만큼 프랑스도 변해가고 있다. 하지만 직원들의 태도는 우리나라와 사뭇 달라서 '손님은 왕'이라는 식의 태도는 전혀 없고 '너는 손님이고 나는 직원이니 각자의 역할을 할 뿐이다'라는 느낌이 든다. 언젠가 이런 일도 있었다. 다른 날보다 일찍 식사를 하러 내려갔을 때 준비가 채 덜 된 걸 본 적이 있어서 '이 안에 뭐가 준비되어 있어?'하고 직원에게 물었더니 '열어보면 알잖아'라는 대답이 돌아왔다. 이런 직원의 불친절함에도 불구하고 파리에 있는 동안 호텔은 나의 집이고 하루 일정을 끝내고 출입문 근처에 도착하면 와이파이가 터져서 문자와 카톡 메시지가 쏟아져 들어오는 반가운 곳이다.

이제 몽마르트르에 가기로 한다. 파리에서 가장 북쪽이지만 우안인 이곳에서는 그다지 멀지 않다. 걸어서 가볼까 하는 생각도 잠깐. 무모한 일임을 깨닫는다. 그런데 지하철역에 가보니 갈아타는 스탈린그라드 역이 하필이면 공사 중이라 앞뒤로 몇 개의 역이 막혀 있다. 다른 노선을 택하면 두 번 갈아타야 한다. 그럼에도 몽마르트르로 향한다.

종교, 예술, 정치를 모두 만날 수 있는 몽마르트르

파리는 분지 지역으로 전체적으로 쟁반처럼 납작하고 평평하다. 북쪽에 있는 몽마르트르가 유일하게 높은 언덕으로 이곳에서 파리 전체를 조망할 수 있다. 그러니까 반대로 성심이란 뜻을 가진 사크레 쾨르(Sacré-Coeur) 성당은 언덕 꼭대기에 있어 파리시내 어디에서라도 눈에 들어온다.

몽마르트르를 찾은 관광객들은 젊은 날의 내 아버지가 그랬듯, 그 규모에 실망할 수도 있다. '가보니까 그냥 그렇던데⋯⋯'라고 말하기도 한다. 너무 작기 때문이다. 인공적인 것이든 자연적인 것이든 크고 화려한 것에 감탄하는 습관 때문이거나 혹은 파리와 몽마르트르라는 이름이 만들어낸 환상이 너무 컸던 탓일 수 있겠다.

몽마르트르는 눈에 보이는 규모로 가늠하기 보다는 거기에 깃든 이야기로 봐야 한다. 원래 몽마르트르는 '순교자의 언덕'이라는 뜻을 가진, 가톨릭 신부가 순교한 종교의 성지였다. 프랑스에 기독교가 전파된 초기, 기독교인들이 이 지역에 모여들었는데 3세기 중반 무렵, 파리에 처음으로 기독교를 전파한 생 드니가 이곳에서 효수형을 당했다. 목이 잘리자 생 드니는 자기의 목을 들고 수십 킬로미터를 걸어갔다고 한다. 그래서인지 그가 걸어갔을 것이라고 짐작되는 파리 북쪽 외곽에는 그의 이름을 딴 생 드니란 마을이 있다. 그래서 몽마르트르는 한 때 종교의 성지로서 순례자의 발길이 끊이지 않는 곳이었다.

원래 파리 교외였던 몽마르트르는 1860년에 파리시에 편입되었다. 이 때 임대료가 저렴한 아파트가 들어서면서 서민들의 주거지가 되었는데 물가도 싸고 행정적 편입과 상관없이 파리 외곽으로 구분되어 주류에 파리 진입 관세라는 것이 붙지 않았기 때문에 수많은 카페와 술집, 카바레가 생겨났다. 자연스럽게 가난한 젊은 화가들이 모여들었고 그들은 젊음의 한 시기를 몽마르트르에서 보낸 후 세계적인 화가로 성장했다.

　인상주의 화가 마네, 모네, 드가, 피사로, 르누아르, 고흐, 세잔, 쇠라 그리고 입체파 화가 피카소와 브라크, 어느 유파에도 속하지 않은 모딜리아니가 이곳에서 그림을 그렸다. 다리를 절었던 불우한 귀족 출신의 화가 툴루즈 로트렉은 최초의 카바레 물랭루즈(Moulin Rouge)에서 피갈 거리의 창녀들을 그렸다. 에밀 졸라, 쇼팽, 베를리오즈의 활동지이기도 했다. 사생아로 태어나 여러 화가들의 모델이 되기도 하고 그들의 애인도 되었다가 자신과 같이 아버지를 모르는 아이를 낳은 쉬잔 발라동이 화가가 될 수 있었던 곳도 그리고 그녀의 아들 위트릴로가 화가가 될 수 있었던 곳도 몽마르트르이다. 위트릴로는 평생을 여기에서 살다 여기 묻혔다. 발레리나를 주로 그렸던 드가도 몽마르트르에서 태어나 여기 묘지에 묻혔다. 그러니까 몽마르트르에서는 이들이 살았던 흔적을 찾아보고 그들이 걸었던 길을 걷는다는 것만으로도 의미가 있다. 피카소, 반 동겐과 같은 화가들이 모여 살았던 '세탁선'이라 불리는 목조건물과 위트릴로가 살았던 분홍색 집, 고흐, 세잔, 모네, 브라크의 아틀리에가 있었던 장소를 순례해 볼 수도 있다. 라팽 아질과 같은 술집, 물랭 드 라 갈레트, 물랭루즈같은 화가들의 단골이었던 카바레를 들려보는 재미도 있다.

　언덕은 그다지 크지도 높지도 않지만 꼭대기의 사크레 쾨르 성당은 크고 높다. 이 성당은 나폴레옹의 대유럽 전쟁이 끝나가던 1871년, 나폴레옹이 대프로이센 전쟁에서 패배한 이후 국민들의 사기를 진작하기 위해 세우기 시작했는데 몇십 년 후인 1919년에야 완성되었다. 재정적인 문제로 예정보다 늦게 완성되었지만 몽마르트르가 원래 종교적 성지인데다 성당의 규모가 워낙 커서 정부의 의도는 잘 반영할 수 있었다고 생각된다. 예술가들은 싫어하겠지만 그러니까 몽마르트르에는 애국심을 고취하려는 정치적인 의도도 담겨있는 셈이다. 사크레 쾨르 바로 옆에 있는, 파리에서 세 번째로 오래된 아주 조그마한 생 피에르 교회(Église Saint-Pierre)가 종교적인 의미는 더 크고 미술사적 가치도 더 있다.

사크레 쾨르 성당 옆 언덕 한 편에는 그 유명한 테르트르 광장(Place du Tertre)이 있다. 광장은 매우 작지만 아직도 거리의 화가들이 모여 관광객의 초상화를 그려주고 있어서 이들의 존재가 한 때 이곳이 화가들의 성지였다는 것을 말해주고 있는 것 같다. 미술사에 이름을 남길 것 같지는 않은 이들의 실력 때문인지 아니면 서양인의 골격에 익숙한 탓인지 한국인의 얼굴을 잘 그려내지는 못한다. 초상화 속에서는 한국 여인도 서양 여인의 얼굴로 재탄생한다. 그래서 그림 속 여자가 나인지 아닌지 헷갈린다.

언덕 아래에 위치한 피갈 거리는 프러시아 군대가 주둔한 이래 공창지대로도 번성한 곳이라 아직도 환락가 내지는 홍등가라고 할 수 있을 것 같다. 물랭루즈와 같이 유명한 장소에 여러 명이 함께 가는 것이라면 모를까 밤에는 위험하니까 그곳에 가지 말라는 얘기를 듣곤 했다.

하지만 이곳 역시 예술가와 문인의 흔적이 남아있는 곳이다. 누벨-아텐느(Nouvelle Athènes), 죽은 쥐(Le Rat Mort)와 같은 카페는 마네, 드가, 조라가 드나들었던 곳이다. 카페 탕부렝(Tambourin)에서는 고흐와 툴루즈 로트렉의 발자취를 찾아볼 수 있다. 드가 그림의 소재였던 서커스 장소의 흔적도 남아있으며 르누아르, 고흐, 로트렉, 피카소, 드가, 위트릴로가

언덕은 그다지 크지도 높지도 않지만 꼭대기의 사크레 쾨르 성당은 크고 높다.
이 성당은 나폴레옹의 대유럽 전쟁이 끝나가던 1871년,
나폴레옹이 대프로이센 전쟁에서 패배한 이후 국민들의 사기를 진작하기 위해
세우기 시작했는데 몇십 년 후인 1919년에야 완성되었다.

살았던 집이 있다. 초현실주의 철학자 앙드레 부르통의 집도 찾아볼 수 있다. 이러저러한 사연으로 몽마르트르는 예술의 메카인 동시에 종교와 정치 그리고 전쟁의 흔적이 모두 남아있는 곳이 되었다.

그때 몽마르트르 북쪽 비탈, 라팽 아질 맞은편에는 파리의 유일한 포도밭이 남아있었다. 사람들로 북적이는 테르트르 광장을 지나 조그만 카페에 앉아 커피를 마시며 포도밭을 생각했다. 그 포도밭은 아주 조그맣지만 프랑스가 와인의 나라라는 것을 대변이라도 하는 것 같았는데 그곳에서 재배되는 포도로 생산되는 와인도 있다고 했다. 파리의 토양과 기후는 포도 재배에 적합하지 않은데 북향이기까지 하니 그 와인은 당연히 맛이 별로일 것이다. 그래도 보르도, 브르고뉴처럼 파리에서도 와인이 생산되고 있다니 놀라운 일이다. 서울에서는 매일매일 오래된 건물이 사라지고 새 아파트가 올라가고 길거리의 가게도 간판을 바꾸어다는 일이 흔하다 보니 파리의 그 쓸모없는 작은 포도밭 또한 당연히 없어졌을 것이라고 생각하고 있었는데 라팽 아질 앞의 이 포도밭은 연한 초록색 물결을 반짝이며 아직도 바람에 흔들리고 있다.

예술가들의 거처, 물랭루즈

물랭은 '풍차', 루즈는 입술 색 혹은 입술에 바르는 화장품과 같은 '빨강'이라는 의미이므로 물랭루즈는 '빨간 풍차'라는 뜻이다. 이름처럼 건물 바깥에 빨간 풍차가 있는 이곳은 1889년에 시작된 파리의 대표적인 카바레이다. 하지만 계속되는 보수와 개조로 인해 옛날의 모습을 그대로 간직하고 있는 것은 카바레의 커다란 빨간 풍차뿐이다. 내부에는 단골손님이었던 툴루즈 로트렉의 포스터가 남아있다. 물랭루즈에서 그곳의 여자들과 살다시피 했던 화가가 카바레에 바친 값비싼 선물이라고나 할까, 유산이라고 할까. 물랭루즈는 프렌치 캉캉이라고 하는 춤으로 명성을 떨쳤는데 현재도 리도와 양대 산맥을 이루는 멋진 쇼를 보여주고 있다. 니콜 키드먼이 주연한 미국 영화 <물랭루즈>는 이런 물랭루즈에 바치는 오마주와 같은 영화라고 생각된다. 영화에서 물랭루즈는 지상에서 가장 화려한 세계이며 치명적인 유혹이 있는 곳으로 나온다.

물랭루즈는 몽마르트르 아래, 파리의 환락가인 피갈 거리에 있다. 물랭루즈의 명성만을 믿고 그 거리를 배회했다가는 실망하기가 쉽다. 근처는 싸구려 술집과 식당, 호텔이 대부분이고 거리는 지저분하다. 그럼에도 예술가들의 발자취가 남아있어 발걸음을 하게 된다.

프랑스 문화 생각하기 1

1. 샤를 드골 공항에 내려 파리 시내에 예약한 숙소까지 지하철로 가 보자. 지하철 노선도에 동선을 그려보자.

2. 파리 여행 가이드가 되어 파리의 20개 구를 지도에 표시하고 각 구의 대표적인 기념물을 소개해 보자.

3. 지도에 에펠탑, 루브르 박물관, 몽마르트르와 같은 주요 지점을 표시하고 파리 여행 시의 동선을 만들어 보자.

4. 루브르박물관, 오르세박물관, 퐁피두센터 현대미술관의 도슨트가 되어 주요 작품에 대해 설명해 보자.

5. 로댕박물관과 피카소박물관에 대해 조사하고 발표해 보자.

6. 우리나라에서 열렸던 프랑스 미술 전시회에 대해 소개하고 감상을 말해보자.

7. 빅토르 위고의 소설 ≪노트르담의 꼽추≫를 읽고 감상문을 써 보자. 뮤지컬 ≪노트르담 드 파리≫를 감상하고 느낌을 말해보자.

8. 헤밍웨이의 파리 생활에 대해 알아본 후 ≪파리는 날마다 축제≫를 읽고 감상을 말해보자.

2장

파리 근교

01
파리의 서쪽

현대적인 상업 지구, 라 데팡스

19세기에 지어진 고품격의 나지막한 석조 건물이 주를 이루는 파리 시내에서 서쪽으로 조금만 벗어나면 보란 듯이 현대적인 빌딩이 늘어선 라 데팡스(La Défense)가 나타난다. 샹젤리제 거리가 시작되는 에투알 개선문에서 샹젤리제 거리의 반대 방향으로 쭉 가면 나오는 곳, 파리의 비즈니스 타운이다. 세계적인 회사들이 모여 있고 호텔, 쇼핑몰, 박물관도 들어와 있는 라 데팡스는 파리와는 분위기가 사뭇 다르다. 몇 주든 몇 달이든 파리에 있는 동안 고색창연한 건물에 익숙하게 되면 서울에서는 당연하게 여겨지는 빌딩 숲이 이제 매우 새롭게 보이게 된다.

샹젤리제 거리에 개선문이 있다면 라 데팡스에는 프랑스 혁명 200주년을 기념해 세워진, 신 개선문이라고 불리는 그랑드 아르슈(Grande Arche)가 있다. 건물 35층의 높이의 그랑드 아르슈는 중심부가 뚫려 있는 거대한 상자처럼 보이기도 한다. 옛 루브르 궁전의 정원인 튈르리의 카루젤(Carrousel) 개선문, 샹젤리제 거리의 에투알 개선문과 그랑드 아르슈는 모두 일직선 상에 있다. 그랑드 아르슈의 전망대에서도 파리를 조망할 수 있는데 현대적인 건물이기 때문인지 어느 나라에라도 있는 타워의 전망대와 다르지 않았다. 에투알 개선문과 멀리 카루젤을 가늠해 볼 수 있다는 것 이외에 이곳 전망대의 장점은 많지 않았다. 에펠탑이나 에투알 개선문 혹은 몽마르트르에서 바라보았을 때 파리는 더 아름다웠다.

라 데팡스의 특이한 점은 모든 차가 지하로 다니도록 설계되어 있다는 점이다. 버스, 메트로, RER 모두 지하에 있고 자동차도 지하 도로로 다닌다. 지상은 오직 보행자를 위한 공간이다. 나중에 알았지만 거리에서 만난 조형물들은, 호안 미로의 <거인>, 모레티의 <괴물>, 세자르의 <엄지손가락> 같은 대작들이었다. 말메종이나 생 제르맹 앙 레 같은 곳을 자동차로 가다 보면 멀리에서 라 데팡스를 지나치게 되는데 이때 차창 밖으로 보이는 스카이라인은 정말 아름답다. 현재 프랑스 GDP의 10퍼센트 정도가 여기 라 데팡스에서 나온다.

나폴레옹과 조세핀이 살았던 말메종

말메종(Malmaison)은 파리 서쪽 지역, 메트로 1호선이나 RER A선을 타고 가다가 라 데팡스에서 버스로 갈아타면 금방 도착하는 파리의 근교 마을이다. 말(mal)은 '악, 나쁜 짓, 죄'라는 뜻이고 메종(maison)은 '집'이라는 뜻이니까 상쾌한 느낌을 주는 이름은 아닌데 지명이 왜 이렇게 지어졌는지는 모르겠다. 혹시 다른 어원을 가지고 있을지도 모른다.

어느 날, 제롬과 나는 말메종에 가기로 했다. 우리는 서로에게 서로의 언어를 가르쳐주고 있었는데 일주일에 한 번씩 카페에서 만나는 것도 지겨워진 상태였고 나는 가능한 여기저기 돌아다니면서 많은 것을 보고 싶었다. 프랑스 북부 릴 출신인 제롬은 여행을 별로 좋아하지 않았지만 나를 위해서 함께 하기로 했다.

말메종은 같은 이름을 가진 말메종 성(*Château de Malmaison*)으로 유명하다. 나폴레옹과 그의 연인, 조세핀이 살았던 곳이다. 그렇게 크지는 않아서 규모 면에서는 성이라기보다 대저택을 연상하게 한다. 나폴레옹이 이집트 원정을 마치고 돌아왔을 때 조세핀과 함께 말메종 지역을 둘러보게 되었는데 조세핀이 말메종 성에 한눈에 반해 이곳을 사들이게 되었다고 한다. 당시에는 주변이 모두 저택의 정원이었는데 지금은 작은 정원만을 남기고 모두 공원이 되었다.

말메종 성의 소유자들 중 가장 유명한 주인인 나폴레옹과 조세핀은 평생을 싸우고 화해하는 애증 관계로 보냈다고 한다. 이미 한 번의 결혼 경험을 가진 데다 두 아이의 엄마인 조세핀의 어떤 부분이 파리 사교계는 물론 나폴레옹까지 매료시켰는지 모르겠지만 그녀 나름대로 외모를 가꾸고 세련된 화술과 매너를 익히는 등의 노력을 했다고 한다. 하지만 낭비벽이 심했던 그녀는 손수건과 블라우스만 해도 각각 수백 장씩 가지고 있었다고 전해진다. 전쟁터에 있던 나폴레옹이 조세핀에게 보내는 편지에 사치를 줄이라는 이야기를 썼을 정도였다. 그런 그녀가 아끼던 곳이었으니 말메종 성의 화려함을 짐작해볼 수 있을 것이다.

말메종에서 우리를 맞이한 사람은 한 손에 의수를 단 상의군인이었다.

나폴레옹이 살았던 곳이니만큼 아마 국가가 관리하고 있는 것 같았다. 공용공간인 1층에는 회의실, 서재, 식당 등이 있다. 사적인 공간인 2층부터는 중앙 계단을 중심으로 한쪽은 나폴레옹, 다른 한쪽은 조세핀의 영역으로 분리되어 있다. 그래서 부부 싸움이라도 하면 서로 마주치지 않도록 중앙 계단을 이용하지 않고 바로 1층으로 내려갈 수 있는 각각의 통로를 사용했다고 한다. 침실도 각각 따로 마련되어 있었는데 조세핀의 침실 바로 옆에는 언제라도 시중을 들 수 있도록 아주 작은 하녀의 방이 딸려 있다.

성에는 조세핀의 드레스와 액세서리, 식기와 찻잔이 전시되어 있었다. 목이 긴 레이스 양말도 있었는데 당시는 양말이 생긴 지 얼마 되지 않았을 때라 고가의 물건이었다고 한다. 그래서 양말을 사서 신을 수 있는 부유한 집의 여인들은 남들이 보는 데서 드레스 자락을 올리고 양말을 고쳐 신었다고 한다. 마지막 층에서 마침내 '내 사전에 불가능은 없다'는 명언과 함께 우리가 잘 알고 있는 <알프스를 넘는 나폴레옹>을 발견하게 된다. 그 그림은 한국에서 너무나 많이 봤기 때문에 그곳에 걸려있는 것이 오히려 어색할 정도였다. 시종일관 심각하고도 진지했던 상의군인은 안내를 마치고 1층까지 관람객을 배웅해주었다.

말메종에 갔던 날, 하늘이 무척 흐렸다. 그 흐린 날씨가 말메종이라는 이름과 어울린다는 생각을 잠시 했었다. 그때는 근처에 식당이란 것이 별로 없어서 다시 파리 시내로 돌아와 저녁을 먹었다.

길고 긴 테라스가 있는 마을, 생 제르맹 앙 레

생 제르맹 앙 레(*Saint-Germain-en-Laye*)는 라 데팡스에서 한참을 더 가야 볼 수 있는 파리 서쪽의 작은 마을이다. 모든 프랑스 마을이 그렇듯이 조그만 성과 성당이 있고 더불어 중세 박물관이 있어 마을의 역사를 짐작하게 해준다. 특별한 점은 베르사이유 궁전 건축에도 참여한 프랑스의 유명한 건축가 르 노트르가 설계했다는 길이 2,400미터의 그랑 테라스(*Grand Terrace*)가 있다는 것이다.

생 제르맹 앙 레 성의 북쪽으로 펼쳐지는 영국식 정원을 지나면 꽤 높은 절벽에 이르는데 바로 이 절벽 위에 파리 시가지를 바라볼 수 있는 테라스가 조성되어 있다. 테라스에 서면 저 멀리 파리가 보인다. 테라스를 따라 걸어가다 보면 군데군데 숲으로 통하는 입구가 있다. 그 길을 걸으면 저절로 삼림욕이 된다.

생 제르맹 앙 레는 파리에서 그다지 멀지 않고 주말의 짧은 근교 나들이로 좋은 곳이다. 조용한 이 마을 옆으로도 센 강이 흐른다. 그때 왜 그곳까지 갔는지는 기억나지 않는다. 나무로 된 중세 박물관의 나무로 된 출입문은 한옥에서 볼 수 있는 문과 크게 다르지 않았다. 중세 사람들이 사용했던 도구들도 우리의 옛것과 크게 다르지 않은 느낌이어서 모든 문명은 서로 통하는 것인가 잠시 생각했다.

02
파리의 남쪽

절대 왕정의 상징, 베르사이유 궁전

베르사이유는 파리 남쪽에 있는 작은 도시로 RER를 타면 갈 수 있는데 우리에게 이곳은 무엇보다 샤토 드 베르사이유(*Château de Versailles*), 베르사이유 궁전으로 유명하다. 궁전은 원래 루이 13세가 사냥을 위한 별장으로 지었다고 하는데 절대 왕권을 누리고자 했던 루이 14세가 대대적으로 건물을 증축하고 넓은 정원을 만드는 한편, 센 강에서 끌어온 물로 운하까지 만들어 모든 유럽 궁전의 모델이 되었다. 건물 중앙에 위치한 '거울의 방'이 가장 크고 화려한데 길이가 무려 73미터나 된다. 한쪽 벽에는 거울이 나란히 붙어 있고 반대쪽 벽에는 거울과 같은 개수의 창문이 나 있어 정원을 내다볼 수 있다. 화려한 방의 외관이 말해주듯, 거울의 방은 여러 궁정 의식이나 외교적인 행사에 사용되었다.

베르사이유 궁전 뒤의 정원 한구석에는 개인 주택처럼 생긴 그랑 트리아농과 프티 트리아농이 있는데 이 작은 집들은 궁정 생활에 지친 왕족들의 쉼터로 만들어진 것이었다. 그랑 트리아농은 루이 14세의 명령으로 유명한 왕실 건축가 망사르가 설계한 건물로 왕의 애인이었던 매트농 부인을 위한 거처로 사용되었다. 바로크 양식의 절정을 보여주는 아름다운 분홍빛 대리석 외관과 화려한 내부를 가지고 있어서 '대리석 트리아농'이란 별칭으로도 불리는데 루이 14세는 이곳에서 애첩을 비롯한 가까운 동료들과 함께 궁전 격식에서 벗어나 여유로운 시간을 보냈다. 신고전주의 양식을 보여주는 프티 트리아농은 루이 15세의 애인인 마담 퐁파두르를 위해 지어졌지만 무엇보다 루이 16세의 비, 마리 앙투아네트가 사랑했던 장소로 유명하다. 이름처럼 그랑 트리아농보다 작은데 크고 화려한 궁전보다 작고 아담한 프티 트리아농에서 앙투아네트는 더 행복감을 느꼈다고 한다.

아무리 아름답고 볼거리가 많다고 해도 건물을 다 둘러보고 정원까지 걷기엔 다리가 너무 아프다. 루이 14세는 이 안에서 말을 타고 다녔다고 한다. 그래서 베르사이유 궁전을 잘 즐기려면 마음과 시간의 여유를 갖고 천천히 둘러보는 것이 좋다. '나 베르사이유 갔었어' 이런 말을 하기 위해 대충 둘러보기에는 아까운 곳이다.

한때 많은 사춘기 소녀들을 설레게 했던 만화 <베르사이유의 장미> 속 베르사이유 궁전은 사랑과 이념 사이의 격전이 벌어지는 장소다. 그래서 이 만화를 읽은 이들에게 베르사이유 궁전은 꼭 한번 가보고 싶은 곳이 된다. 베르사이유에 대한 환상은 직접 프랑스로 가서 궁전을 보게 만든다. 환상과 현실은 다르기 마련이지만 베르사이유 궁전은 그렇지 않다. 직접 보고 실망했다는 사람을 본 적이 없을 만큼 베르사이유 궁전은 상상 그 이상이다.

하지만 베르사이유 궁전은 '짐이 곧 국가다'라는 말을 남긴 태양왕 루이 14세의 폭정이 낳은 결과물로 이 시기 일반 국민들의 삶은 더욱 피폐해져서 결국 프랑스 혁명의 원인 중 하나가 되었다. 선대에서 누렸던 영광은 루이 16세와 왕비 마리 앙투아네트가 기요틴에서 사형을 당하는 비극적인 결과로 이어진다. 왕족과 귀족에 대한 반감은 한때 베르사이유의 '장미'였던 마리 앙투아네트에 대한 악성 루머로 나타나기도 했다. 마리 앙투아네트가 국민들이 먹을 빵이 없다는 말을 듣고 '빵이 없으면 브리오슈를 먹으라고 해'라고 했다는 소문이 돌자 마리 앙투아네트에 대한 반감은 돌이킬 수 없이 커지게 되었다고 한다. 후대에 와서는 왕족 중의 누군가가 '빵이 없으면 브리오슈의 껍질이라도 먹게 하라'라고 했던 말이 와전되었다는 설이 유력하게 제기되고 있다.

자세히 보지 못했는데도 베르사이유 궁전을 둘러보는 일정에는 꼬박 하루가 소요되었다. 아침 아홉 시가 조금 넘어 호텔을 나서 궁전 앞의 전통 크레프 식당에서 전채와 메인, 후식을 모두 크레프로 이른 점심을 먹은 뒤, 오후가 되어서야 베르사이유로 들어갔다. 베르사이유는 하루 만에 볼 수 없다던 당일 투어 가이드 앙드레가 무려 2시간의 식사시간을 주었기 때문이었다. 주요 건물과 전통적 프랑스 양식으로 조형미가 강조된 넓은 정원을 대충 지나친 앙드레는 그랑 트리아농과 프티 트리아농에서 멈추어 서서 마리 앙투아네트에 대해 설명하느라 열을 올리고 더 깊숙이 들어가 정원사의 오두막이 나타나자 아예 발걸음을 멈추고 오래오래 그곳에 머무르게 했다.

바르비종과 밀레의 만종

바르비종(*Barbizon*)의 첫 글자 'B'는 생각보다 발음이 어렵다. 위와 아래 두 입술이 마주 부딪쳐 나는 양순음인데 한국 사람들은 보통 입술을 꼭 다물지 않고 거세게 소리내기 때문에 'P'처럼 들리는 경우가 많다.

"파르동?"

파리 알리앙스 한 귀퉁이 여행사 데스크의 직원이 내 바로 앞에 있는 여자에게 되묻고 있었다.

"바르비종, 바르비종."

뒤에 서서 기다리고 있는데 바르비종이라고 몇 번이나 여자가 대답했다. 유난히 검게 보이는 머리카락을 한 갈래로 모아 땋은 한국인이었다. 여행사를 통해 바르비종 여행을 예약하려는 것 같았다. 바르비종은 파리에서 그다지 멀지는 않지만 교통편은 좋지 않다. 파리 리옹 역에서 퐁텐블로까지 기차를 타고 가서 다시 바르비종으로 버스나 택시를 이용해야 하기 때문에 번거롭다. 그래서 여자는 여행사를 이용하려고 한 것 같았다.

바르비종. 파리에 가기 전에는 잘 몰랐지만 파리에 가서는 자주 들었던 지명이다. 파리에서 남쪽으로 50킬로미터쯤 떨어져 있는 이 마을은 우리에게 잘 알려진 화가, 밀레와 루소, 쿠르베와 같은 사실주의 화가들의 활동 무대였다. 그래서 일명 '화가들의 마을'이라고도 하는데 그때까지 배경에 불과했던 자연을 그림의 중심으로 끌어와 사실적으로 묘사한, 흔히 말하는 바르비종파를 낳은 곳이니 그렇게 불릴 만도 하다.

바르비종은 현재 인구 1,500명의 작고 아담한 도시로 예쁜 카페나 레스토랑이 많고 파리 면적만 한 퐁텐블로 숲이 바로 옆에 있어 파리지앵이 주말 데이트 코스나 가족 여행지로 선호하는 곳인데 과거에는 가난한 농부의 마을이었다. 밀레의 작품은 그런 환경에서 탄생했는데 그도 당시에는 화가이자 가난한 농부였다. 바르비종파의 다른 화가와는 달리 그는 풍경보다는 자신과 같은 가난한 농민의 삶을 그리는 것에 초점을 맞췄다. 프랑스 대혁명 이후에도 민중들의 삶은 힘들어 2월 혁명이 일어난 이후였다. <이삭줍기>는 추수가 끝난 후 들판에 남아 있는 이삭을 줍는 세 여인을 그리고 있다. 굽힌 허리와 까맣게 그을린 얼굴, 그럼에도 이들이 얻은 것은 별로 없어 허리에 묶고 있는 자루는 빈약하다. <만종>은 젊은 부부의 감사기도를 그리고 있는데 어렸을 때 우리 고향, 강원도 시골 마을에도 집집마다 이 그림의 복사본이 걸려있었을 정도로 우리에게 잘 알려져 있다. 이 만종을 때론 루브르 박물관에서 찾는 관광객이 많다고 하는데 19세기 이후의 그림이라 오르세 미술관에 전시되어 있다. 초현실주의 화가인 살바도르 달리가 만종을 보고 여기에 그려진 감자 바구니는 실은 죽은 아기를 묻기 위한 관이었을 것이라고 주장한 적이 있었다. 후에 x선 촬영을 해보니 감자 바구니 밑에 관과 비슷한 모양이 그려져 있었던 것을 확인할 수 있었다고 한다. 하지만 근거 없는 낭설이라고 주장하는 학자들도 많기 때문에 진실인지 아닌지는 여전히 알 수 없다.

바르비종에 갔던 날은 흐렸고 간간이 비가 왔다. 기차를 타고 남쪽으로 향하는데 창밖의 풍경이 파리와는 완연히 달랐다. 시골을 지나가고 있는 것이다. 돌아오는 길, 궂은 날씨에도 불구하고 기차역은 바르비종 여행을 마치고 돌아가는 프랑스 젊은이들로 가득 차 있었다.

03
파리의 북쪽

모네의 정원이 있는 지베르니

지베르니(*Giverny*)는 파리의 근교에 위치한 작은 마을이다. 사실 파리 근교라기보다는 노르망디의 한 도시라고 해야 맞지만 파리에서 기차를 타면 약 두 시간 만에 도착할 수 있어서인지 가이드북은 항상 파리 근교의 가볼 만한 곳으로 지베르니를 꼽는다. 모네가 말년을 보내며 작품 활동을 했던 곳이다. 하지만 웬일인지 계속 순위가 뒤로 밀려서 파리 시내의 웬만한 명소와 박물관, 근교에 위치한 볼만한 곳은 다 보고 나서야 마침내 지베르니에 가야겠다는 생각을 하게 되었다. 그때 마침 파리의 좌안에 머무르고 있었는데 공교롭게도 그날은 지베르니로 가는 기차가 출발하는 생 라자르 역 지하철 노선이 부분적으로 공사를 하고 있었다. 여유 시간 없이 호텔을 나서 시간이 촉박했지만 다행히도 파리의 지하철 노선은 아주 많아서 지하철을 갈아타며 겨우 기차 시간을 맞출 수 있었다. 노르망디 루앙을 종착역으로 하는 기차에는 거의 만석일 만큼 사람이 많았다. 하지만 친절한 프랑스인 승객들은 낯선 관광객을 위해 기꺼이 빈자리를 알려주기도 했다. 그리고 지베르니가 어딘지 내릴 역도 알려주었다.

클로드 모네는 프랑스의 대표적인 인상주의 화가로 인상주의의 효시가 된 <인상, 해돋이>라는 작품으로 주목받기 시작했다. 작품 활동을 통해 검은색을 쓰지 않고도 어둠을 표현하는 실험을 성공적으로 완수하였다고 하는데 정말 그의 그림을 보면 미술에 전문적인 지식이 없는 나조차도 '과연 그렇군' 하는 생각을 하게 된다. '빛은 곧 색채'라는 원칙을 고수하면서 <수련>연작을 통하여 동일한 사물이 빛에 의하여 어떻게 달라지는지를 보여주었는데 빛에 의해 달라지는 색채 실험에 너무 몰입하여 아내 카미유가 죽어가는 순간에도 시시각각 달라지는 색채의 변화를 추적하고 있을 정도였다고 한다.

지베르니에 위치한 모네의 집은 그의 작품 <수련> 연작을 이해하는데 걸리는 시간을 몇 배로 단축시켜 준다. 그림의 실제 모델이 된 집과 정원, 연못이 여전히 생명력이 넘치는 모습으로 살아있기 때문이다. 초록색의 왕성한 생기를 지닌, 수련이 가득한 연못은 정말 아름답다. 두 시간이나 걸린 기차 여정이 전혀 아깝지가 않았다.

수련이 있는 연못은 일본풍이다. 19세기, 서양은 일본의 문화, 이제 막 알려지기 시작한 신비한 동양 문화에 매료되고 심취했다. 프랑스도 일본과 일본 문화에 경도되어 있었다. 프랑스 화가 브라크몽이 일본에서 수입된 도자기 포장지의 우키요에를 보고 이것을 마네, 드가 등 화가들에게 돌렸고 이것이 인상주의의 발단이 되었다는 에피소드가 있는데 모네도 그 영향을 받았다. 수련 자체가 동양적인 식물인 데다가 수련 연못에는 '일본 다리'라고 부르는 아치형 다리가 있다. 모네는 이국적인 일본의 이미지를 선택해 작품으로 남겼다. <기모노를 입은 마담 모네>를 그렸을 정도로 자포니즘(Japonisme)의 영향을 많이 받았다. 모네의 집에는 모네가 생전에 수집한 일본 목판화 우키요에가 여러 점 걸려있었다. 모네가 그린 에밀 졸라의 초상에도 벽에 걸린 우키요에가 보인다. 그래서 한국인이나 일본인이 특히 모네를 좋아하는 것은 그의 그림에 스며들어 있는 동양적인 느낌 때문이 아닐까 생각된다. 수련이 가득한 연못을 보고 있으면 내가 있는 곳이 과연 프랑스가 맞는지 의심하게 된다.

모네의 집을 나와 마을을 둘러보니 간간이 앤티크 가게나 미술품 가게가 있을 뿐 조용하기만 하다. 나무로 지은 옛집과 돌담도 고즈넉하다. 아담해 보이는 식당을 골라 들어가니 메뉴는 모두 그 마을의 지방식. 샐러드가 가득한 접시 위에 거위 다리 하나가 크게 올라와 있다. 햇볕이 화사한 여름날의 식사와 샤르도네는 꽤 멋진 궁합이었다.

파리로 돌아가는 기차 시간까지는 꽤 시간이 남아 모네의 집과 그다지 멀지 않은 지베르니 인상파 미술관에 들렀다. 1992년 지베르니 미국 미술관(Musée d'Art américain Giverny)이란 이름으로 문을 연 미술관은 처음 모네의 영향을 받거나 지베르니에서 작품 활동을 한 미국 출신 예술가들의 그림을 주로 전시하였으나, 2009년 지베르니 인상파 미술관(Musée des Impressionismes Giverny)으로 명칭을 바꾸고 대대적인 확충과 현대화 작업을 거쳐 다시 개장한 후 현재는 프랑스 및 세계 각국의 인상파 예술가들의 작품도 함께 선보이고 있다. 대표적인 미국 인상파 화가 존 레슬리 브렉, 로버트 보노, 리차드 에밀 밀러의 밝고 낭만적인 그림을 볼 수 있었지만 수련의 이미지가 워낙 강했던 탓이었을까 이들의 그림은 인상파의 아류나 카피 정도로밖에 느껴지지 않았으니 그 원인은 그림에 대한 내 견문이 부족한 탓으로 돌릴 수밖에 없겠다.

고흐가 생의 마지막을 보냈던 오베르

오베르(*Auvers sur Oise*, 오베르 쉬르 우아즈)는 파리에서 북쪽으로 약 35킬로미터 떨어져 있는 작은 시골 마을이다. 늦은 가을이었던 11월쯤, 차를 타고 이 마을로 들어설 때 길 양쪽으로 늘어서 있는 마로니에의 커다란 잎들이 형언할 수 없는 아름다운 황금색으로 빛나고 있었다. 그리고 마을을 휘어 감으며 조용히 흐르고 있는 오베르 강. 그 위에 놓인 다리를 건너면서 시작되는, 작고 조용한 마을은 입구부터가 다르게 느껴졌다.

모두가 잘 알고 있는 것처럼 오베르는 네덜란드 출신의 후기 인상주의 화가 빈센트 반 고흐가 생의 마지막을 보낸 곳이다. 그의 명성과는 다르게 마을은 작고 조용하고 모든 것이 그가 살았던 그 시절 그대로 남아 있었다. 고흐의 집도 남아 있는데 1층은 카페 겸 레스토랑이고 3층에 고흐가 세를 들어 살았던 방이 있다. 집은 전체적으로 너무 작고 초라했다. 그 안에 있는 고흐의 방 또한 초라했다. 오베르를 묘사할 때는 이렇게 '작은' 이라는 형용사를 자주 쓰게 된다. 이 마을에서 유일하게 크게 보였던 것은 마을 입구에 있던 마로니에 잎뿐이었다.

예술적 동지였던 고갱과의 갈등 그리고 결별 후, 그와 함께 보냈던 남

프랑스의 아를을 떠나 오베르에 정착한 고흐는 마을 곳곳을 그림에 옮겼다. 그가 오베르에서 보낸 시간은 고작 두 달 남짓이었지만 이곳에서 완성한 작품은 유화 칠십여 점 그리고 드로잉과 판화 수십 점으로 매우 많다. 초상화로 남아 있는 정신과 의사 폴 가셰 박사의 응원과 지지가 작품 활동에 힘이 되어주었다. 걷다 보면 마을 곳곳에서 작품 속 배경이 된 장소를 발견하게 된다. <오베르 시청>, <오베르의 거리와 계단>, <오베르 교회>, <까마귀가 나는 밀밭>의 배경이 된 곳에는 설명이 들어있는 표지판이 서 있다. 밀밭은 아직도 마을의 언덕 위로 평화롭게 펼쳐져 있는데 그 아래 공동묘지에 고흐의 무덤이 있다. 가난했던 그의 무덤은 담쟁이덩굴로 덮였고 옆에는 경제적 후원자였던 동생 테오가 묻혔다. 살아서 단 한 점밖에 팔지 못해 그린 그림을 지우고 그 위에 다시 그림을 그렸다는 고흐. 예쁜 담쟁이 무덤은 그래서 슬퍼 보인다.

　오베르는 파리 남쪽의 바르비종처럼 많은 화가가 활동했던 장소는 아니다. 하지만 퐁투아즈에 피사로가, 지베르니에 모네가 살았던 것처럼 고흐는 한때 폴 세잔이 거주하기도 했던 이곳에서 생의 마지막을 보냈다. 프랑스인에게는 자랑스러울 만한 장소인데도 여전히 옛날과 같은 모습으로 남아 있는 것이 오히려 이상하게 느껴졌다. 우리나라에 고흐와 같은 인물이 있었다면 어땠을까. 오베르같이 작은 시골 마을이라도 그 안에 어울리지 않게 커다란 기념관을 세웠을 것 같다. 그날은 마을 한구석에 차를 세우고 피크닉을 했다. 샌드위치와 사과, 오렌지 주스를 꺼내 자동차 트렁크를 식탁 삼아 점심을 먹었다.

프랑스 문화 생각하기 2

1. 프랑스 지도에서 레지옹(*région*)과 각 레지옹의 주요 도시를 표시해 보자.

2. 일드프랑스 지방의 주요 도시를 나열하고 지도에 표시해 보자.

3. 나폴레옹이 되어 말메종의 서재에 앉아 오스테를리츠 전투 승리 후의 일기를 써 보자.

4. 베르사이유 궁전 일일 피크닉 계획을 짜 보자.

5. 프랑스 혁명이 일어난 연도를 알아보고 혁명의 원인과 결과에 대해 설명해 보자.

6. 가상현실로 오베르와 지베르니를 방문하고 방문기를 써 보자.

7. 밀레가 되어 자신의 대표작 ≪만종≫에 대해 설명해 보자.

8. 파리 근교에서 가고 싶은 도시를 정하고 이유를 말해보자.

3장

을식, 식사 문화

01
프랑스 음식은
바게트만이 아니다

프랑스식 아침 식사

프랑스의 아침 식사, 프티 데죄뇌(*petit déjeuner*)하면 먼저 고소하게 피어오르는 빵 굽는 냄새 그리고 바구니에 건성건성 꽂힌 바게트, 우아하게 냅킨 위에 얹어진 크루아상의 모습이 떠오른다. 빵의 옆에는 장식처럼 버터와 딸기 잼 그리고 꿀과 오렌지 마멀레이드 같은 것이 귀엽게 놓여 있다. 단단하고 야무진 바게트의 씹는 맛과 버터가 들어가 부드러운 크루아상의 씹는 맛이 무척이나 대조적이다. 여행지의 작고 아담한 호텔에서 아침 식사를 하러 내려간 작은 식당에서 커피와 함께 맛보는 프랑스빵의 맛은 남다르다. 이런 빵은 프랑스에서 먹어야 원래의 맛을 느낄수 있다. 프랑스빵에는 이것뿐만 아니라 여러 종류가 있는데 곡물이 꼭꼭 씹히는 빵도 있고 설탕이 들어가 달달한 빵도 있다. 하지만 바게트와 크루아상이 내 입맛엔 가장 맛있게 느껴진다.

프랑스의 아침 식사는 간단하다. 그래서 프티(*petit*, 작은)란 단어가 붙어 있는지도 모른다. 옛 농경 사회 시절 하루종일 고된 농사일에 지친 몸을 추스르고 에너지를 보충하기 위해 저녁을 느지막이 제대로 갖춰 먹었던 습관 탓에 아침은 간략해질 수밖에 없었는데 현대에 와서도 역시 아침을 제대로 갖추어 먹을 시간이 없으니 여전히 아침 식사는 간단하다. 커피나 차와 함께 바게트나 크루아상, 브리오슈, 팽 오 쇼콜라를 먹는다. 커피나 차가 식사에 포함되어 있다 보니 손잡이가 달린 큰 잔에 많은 양을 담아 먹는다. 미국의 영향으로 우유에 플레이크를 타서 먹는 경우도 많다. 대체적으로 프랑스인은 아침 식사보다는 잠을 택하는 편이다. 조금 더 잔 뒤에 간단하게 아침을 먹고 학교나 직장으로 향한다.

프랑스의 아침이 늦게 시작되는 이유, 그라스 마티네

앞에서 말했듯이 전통적으로 밤새워 먹고 마시며 이야기하기를 좋아하는 프랑스인에게 그라스 마티네(grasse matinée)는 유전자에 각인 되어 있는 습관일지도 모른다. 그라, 그라스(gras, grasse)는 '기름진, 살찐, 뚱뚱한. 풍요로운'이란 뜻을 담고 있는데 '아침 한때'를 의미하는 마티네(matinée)와 결합하여 그라스 마티네가 되면 '늦잠'이라는 의미가 된다. 현대에 와서는 그라스 마티네가 꿈같은 얘기가 되었지만 프랑스인은 기회가 되는대로 그라스 마티네를 즐기려고 애쓴다. 어쩌다 노는 날이 생기거나 휴일이 되면 늦잠을 자며 게으른 아침나절을 보낸다. 일찍 학교에 가거나 출근하는 사람들은 비밀 요원처럼 움직이는지 평일이라도 오전 아홉 시 전까지 도시는 미동도 없이 조용하다. 열 시쯤 되어서야 비로

소 움직임이 느껴진다. 창문을 요새처럼 감싸고 있는 덧문, 볼레(*volet*)가 올라가는 것도 이때쯤이다. 빵집마다 바게트와 크루아상을 구워내는 시간도 열 시다. 사람들은 이때쯤 커피를 끓이고 바게트(*baguette*)를 꺼내 자른다. 옛날 프랑스의 귀족은 침대에서 아침 식사를 했다고도 한다. 하녀들이 손잡이가 달린 쟁반에 커피와 우유, 빵, 잼과 버터를 담아 침실까지 가져다주었기 때문이다. 손 하나 움직이지 않고 마음껏 게으름을 피우는 것이 진정한 그라스 마티네인 것이다.

그래서 파리의 아침은 늦게 시작된다. 그러므로 시차 때문에 일찍 눈을 떴다면 아침 두세 시간은 혼자 감당해야 한다. 여행자에겐 파리의 아침은 외롭다.

바게트와 크루아상

친구 민경이와 갔었던 파리 여행도 잠깐의 그라스 마티네 후의 호텔 조식으로부터 시작했다. 바구니에 한가득 담긴 먹음직스런 바게트를 넋을 놓은 채로 바라보고 있는 민경이를 보니 문득 해외여행이 자유화된지 얼마 되지 않았던 때의 첫 프랑스 여행이 떠올랐다. 프랑스 레스토랑의 테이블에 놓인 바게트 바구니를 보고 이렇게 줘도 되는 건가 싶었다. 주문도 하지 않았는데 바구니 안에는 먹음직스럽게 잘려있는 바게트가 얌전히 들어 있었다. 한국에 프랑스빵이 많지 않았고 있다고 해도 프랑스 현지에서의 맛과 판이하게 달랐던 때였다. 예약을 했기 때문에 미리 준비해 놓은 것이었는데 빵이 식사의 일부에 포함된다는 것을 나중에야 알

프랑스 레스토랑의 테이블에 놓인 바게트 바구니를 보고
이렇게 줘도 되는 건가 싶었다.
주문도 하지 않았는데 바구니 안에는 먹음직스럽게 잘려있는 바게트가
얌전히 들어 있었다.

게 되었다. 테이블에 앉은 사람 중 유일하게 나만이 그 바게트의 존재에 대해 신경을 곤두세우고 있었던 것 같다. 프랑스인들은 바게트로 메인 접시에 남아있는 소스를 닦아 먹었다. 바게트가 닿을 때마다 접시가 하얗고 깨끗하게 비워져 갔다.

어떤 바게트를 집을까 행복한 고민에 빠져 있는 민경이를 지나, 나는 크루아상(*croissant*)쪽으로 갔다. 크루아상은 바게트처럼 프랑스인이 흔히 먹는 빵이지만 빵 세계에서는 바게트보다 신분이 높다고나 할까. 아무튼 좀 더 비싸기도 하고 재료도 더 고급스럽다. 버터가 훨씬 많이 들어가서 손으로 집으면 기름기가 묻어날 정도이다. 빵집에 들어갔을 때 훅 끼쳐오는 빵 냄새의 정체는 바로 크루아상에서 나는 것이다.

이 두 빵의 신분 차이는 각각의 출생의 비밀과도 관련이 있을지 모른다. 바게트는 원래 프랑스어로 막대기라는 뜻인데 프랑스 혁명기에 '평등빵'의 개념으로 생겨났다. 이전까지만 해도 귀족은 하얀 빵, 평민은 검은 빵을 먹었었는  데 귀족이든 평민이든 똑같은 빵을 먹게 하려고 아예 법으로 길이와 무게를 정해 규격화된 빵을 만들었다고 한다. 바게트는 건조해서 쉽게 딱딱해지는 단점이 있지만 대신 상할 염려 없이 오래 보관할 수 있다. 그래서 프랑스 가정의 부엌에는 바게트를 꽂아놓을 수 있는 긴 바게트 주머니가 상비되어 있다. 반면 크루아상은 초승달이라는 예쁜 뜻을 가지고 있다. 크루아상은 원래 오스트리아와 헝가리 지역의 빵인데 오스트리아가 지금의 터키, 오스만튀르크를 물리친 기념으로 빵의 이름을 크루아상이라고 지었다고 한다. 초승달은 이슬람의 상징이기 때문이다. 크루아상은 오스트리아 출신 마리 앙투아네트를 왕비로 맞이할 때 프랑스에 전해졌다고 한다. 어쨌든 이 두 빵은 카페오레와 함께 먹으면 더 맛있었다.

점심에 주로 먹는 샌드위치

영어의 많은 단어가 프랑스어에서 유래한 것이지만 샌드위치라는 단어는 드물게 영어에서 프랑스어로 전해진 것이다. 샌드위치가 영국에서 생긴 음식이라고 하니 그럴 수밖에 없을 것 같다. 그래서 프랑스인의 발음이 재미있게 들린다. 주로 앞부분에 강세를 두고 '상도이치' 혹은 '상도이찌'라고 하는 것처럼 들린다. '상도위치'라고 하는 경우도 있으니 이들도 자신의 발음을 정확하게 인식하고 있지 못한 것이 분명하다.

어쨌거나 프랑스의 '상도이치'는 영국이나 미국의 샌드위치보다 맛있다. 커다란 바게트를 세로로 잘라 그 안에 갖가지 야채와 햄, 베이컨, 달걀 같은 것을 넣는다. 점심시간이 되면 사람들이 벤치에 앉거나 걸어 다니면서 이 샌드위치를 먹는다. 손에는 녹색 병의 페리에를 들고 있다. 친구였던 마담 파르망티에의 말에 의하면 90년대 이전까지만 해도 걸어 다니면서 음식을 먹는 경우는 거의 없었다고 한다. 저녁 뉴스를 보니 현재도 프랑스에서 점심 식사로 가장 많이 소비되는 것이 샌드위치라고 한다. 샐러드가 그다음으로 많이 소비되는데 코스에 들어 있는 샐러드가

영어의 많은 단어가 프랑스어에서 유래한 것이지만 샌드위치라는 단어는
드물게 영어에서 프랑스어로 전해진 것이다.
샌드위치가 영국에서 생긴 음식이라고 하니 그럴 수밖에 없을 것 같다.

아닌 식사용 샐러드는 각종 야채는 물론, 베이컨, 멜론, 삶은 달걀 등이 들어가 있어 배를 채우기에 알맞다.

프랑스 음식이 입에 잘 안 맞는다고 하는 한국 사람도 이 '상도이치'는 다 좋아했다. 싸구려 입맛 탓인지 사실 달팽이 요리나 스테이크보다 더 맛있게 느껴졌다.

프랑스의 국민 탄산수, 페리에

길거리에서 샌드위치로 점심식사를 하는 사람들의 손에는 마치 세트 인 것처럼 페리에(Perrier)가 들려 있곤 했다. 페리에는 오리지널, 레몬, 라 임 세 종류가 주를 이루는데 프랑스의 국민 탄산수라고 할 만큼 많은 사 람들의 사랑을 받고 있다. 탄산 성분 때문에 많이 마시지 않아도 포만감 이 빨리 오기도 하고 탄산이 소화를 돕는다는 생각 때문이 아닐까 싶다. 1898년 프랑스 남부 지역의 어떤 의사가 로마 시대 대중목욕탕이었던 곳 에서 나오는 천연 탄산수를 병에 넣어 팔기 시작한 것이 페리에의 시작 이라고 한다.

처음 프랑스에 갔을 때, 파리는 이상 기온을 기록하고 있었다. 파리는 여름이라도 30도가 넘는 일이 별로 없었다고 하는데 그때는 31도, 32도 를 기록하고 있었다. 30도를 넘는 일이 거의 없으니 시내 레스토랑이나 카페는 물론 집 안에도 에어컨이 설치되어 있지 않은 경우가 많아 어딜 가도 땀을 흘렸던 기억이 난다. 그러다 보니 언제나 시원한 물이나 음료 수를 사서 마시게 되었다. 그때 발견한 것이 페리에. 물에 탄산 성분만 들어가 있으니 사이다에서 단맛을 뺀 맛이라고 할 수 있다. 칼로리제로, 다이어트에 좋아 파리지엔느가 즐겨 마신다는데 그때 내 입맛에는 별로였다. 프랑스에서는 우리처럼 차갑게 해서 팔지도 않았으니 그 맛은 뭐랄까. 미지근한 맹물에 탄산 성분이 들어간 것 그 이상도 그 이하도 아니었다.

하지만 최근에는 페리에를 즐겨 마시게 되었다. 입맛도 시대의 흐름처럼 변하는 것일까. 아니면 고급스러운 이미지를 이용한 마케팅에 현혹되어서일까. 파리 시내 노점상에도 팔던 페리에가 비싼 레스토랑에서 고가에 팔리고 있으니 왠지 마시고 싶어지기도 한다. 레몬향이 첨가된 맛이 상큼하고 좋다. 최근에 많이 팔리고 있는 바두아(Badoit)도 페리에와 같은 탄산수다.

크로크 므슈와 크로크 마담

요즘 음식 문화는 글로벌화되어서 우리나라에서도 대부분의 프랑스 음식을 먹을 수 있다. 어느 날 빵집에 들렀더니 크로크 므슈(croque-monsieur)라고 적혀 있는 프랑스식 토스트가 있었다.

크로크 므슈는 식빵 사이에 햄을 넣은 샌드위치 위에 치즈를 얹어서 오븐에 구운 음식이다. 이름이 특이한데 '크로크'라는 단어는 따로 존재하지 않지만 바삭바삭 소리를 낸다는 뜻의 동사 크로케(croquer)와 관련이 있을듯하고 므슈는 남성에 대한 존칭이니 이름이 재미있다. 크로크 므슈에 달걀 프라이를 얹으면 크로크 마담(croque-madame)이 된다. 반숙

프라이의 모양이 여자가 쓰고 다니는 모자와 비슷하다고 해서 붙여진 이름이라니 작명 센스가 놀랍다.

비쉬에 있을 때 프랑스식 분식점 같은 곳에서 크로크 므슈를 먹어본 적이 있었다. 오후 한 시쯤 가게에 들어갔을 때 간단하게 점심 식사를 때우고 있는 사람들로 북적였는데 잠시 후에 보니 가게에 우리 팀만 남아 있었다. 수다를 떠느라고 분위기 파악을 못하고 있었는데 또 잠시 후에 주위를 살펴보니 주인은 빈 테이블의 의자를 다 올리고 가게 안을 청소 중이었다. 가게는 오후 두 시에 문을 닫는다고 했다. 식사 시간에만 문을 여는 가게였던 것이다. 프랑스인은 일에 매달리지 않는다. 특히 상점은 돈을 번 만큼 세금도 많이 내기 때문에 아침 일찍부터 밤늦게까지 가게를 열지 않는 편이다. 손님이 많지 않은 시골에서는 카페는 물론이고 저녁 식사를 할 수 있는 레스토랑조차 일찍 문을 닫아버리는 경우가 많다.

자크리 씨와 함께 한 저녁 식사

전통적인 프랑스인의 식사는 아침, 점심, 저녁 순으로 무거워진다. 다이어트 공식과는 정반대인 셈이다. 아침 식사는 프티 데죄네, 밤사이의 배고픔을 살짝 없애는 것이고 점심 식사는 데죄네(*déjeuner*), 본격적으로 배고픔을 없애는 것이라고 볼 수 있고 디네(*dîner*), 저녁 식사는 코스를 제대로 갖춘 말 그대로의 정찬이다.

아침 식사는 빵과 우유 혹은 커피로 간단하게 하고 점심 식사는 저녁 식사보다 가볍다. 전통적으로 식사 시간을 여유롭게 갖는 편이라서 시간이 정해진 직장인이 아니라면 점심이라도 한두 시간씩 오래 테이블에 앉아 식사와 대화를 즐긴다. 처음 프랑스에 갔을 때 프랑스인 가이드가 관광지 방문 때에는 시간이 없다고 재촉하다가도 식사 시간만 되면 시간을 두 시간가량 주는 것을 보고 깜짝 놀랐다. 그래서 우리 한국인 방문객이 먼저 밖으로 나와 가이드를 기다릴 정도였다.

프랑스의 저녁 식사는 시간이 늦고 길다. 건축사였던 자크리 씨는 시내에 사무실을 갖고 있었지만 정작 본인은 재택근무를 해서 가족들이 전부 나가고 없는 한낮에 식탁에 커다란 도면을 펼쳐놓고 작업을 했다. 그리고 오후 다섯 시나 여섯 시쯤 되면 집 근처에 있는 시장에 가서 장을 보고 요리를 시작했다. 전채, 메인, 후식을 기본으로 하는 저녁 식사가 준비되는 시간은 일곱 시나 여덟 시, 가족이 다 모이는 시간이다. 그러다 보니 여덟 시나 여덟 시 반에 식사를 시작하게 되고 식사가 끝나면 거의 열 시가 넘는다. 이 시간에 가족이 모여 앉아 대화를 나누면서 온전히 저녁 시간을 함께 보낸다. 특별한 이벤트가 없는 한 TV를 켜는 일도 별로 없다. 식사가 끝나고 차 담당인 자크리 부인이 내온 차까지 마시고 나면 거의 열한 시가 가까운 시간, 가족들은 씻고 각자의 방으로 가 잠자리에 들거나 자기만의 시간을 갖는다.

자크리 씨네 집에 간지 얼마 되지 않은 어느 날, 파리 유네스코에서 일본 북 공연을 한 적이 있었다. 초대권이 생겨 온 가족이 함께 갔는데 공연 시간은 여덟 시. 한국이라면 분명히 간단한 저녁을 먹고 공연장에 들어갔을 법한데 이들에게는 간단한 저녁 식사라는 개념이 없어서 공연이 모두 끝나고 집으로 돌아와 늦은 저녁을 먹은 기억이 있다. 자크리 씨는 정말 훌륭한 요리사여서 매일 다른 메뉴를 선보이곤 했었다. 스테이크는 기본이었고 닭 요리와 크레프 그리고 시리아에서 온 유학생 출신답게 쿠스쿠스같이 아랍 느낌이 물씬 나는 요리도 선보였다. 그는 프랑스보다는 아랍 요리가 더 다양하고 맛있다는 자부심을 가지고 있었다.

저녁이 늦다보니 점심과 저녁 사이가 길어져서 영국식으로 다섯 시 정도에 간단하게 차와 함께 케이크를 먹는 사람도 있었다. 시간 여유가 있는 마담들은 거실에서 늦은 오후의 티타임을 즐기는데 자크리 씨는 부엌에 선 채로 언제나 테이블에 놓여 있던 바게트에 버터를 발라서 먹곤 했다. 하지만 나는 마담 파르망티에와 약속해서 영국식 분위기가 나는 찻집인 살롱 드 테(*salon de thé*)에서 차와 케이크를 먹으며 대화를 즐긴 오후의 티타임이 가장 기억에 남는다.

특이한 조합, 풀레 오 프리트

풀레(*poulet*)는 '닭'이란 뜻이고 프리트(*frites*)는 '채 썬 형태로 감자를 튀긴 것'을 의미한다. 따라서 풀레 오 프리트(*Poulet aux frites*)는 '감자튀김을 곁들인 닭고기'라는 뜻을 가진 프랑스의 흔한 메인요리 중의 하나다. 프랑스 요리 이름은 가장 주가 되는 소고기나 닭고기, 양고기 같은 것이 먼저 오고 뒤에 전치사 'à'와 함께 곁들이는 야채 이름이 따라오는 방식으로 되어 있다. 그러니까 풀레 오 프리트는 하나의 접시에 닭고기와 감자튀김이 놓여 있는 음식이다. 조그만 닭 한마리가 엎어져 있는 접시에 감자튀김이 곁들여 있는 모양이 좀 이상하다. 소고기 스테이크에 감자튀

브르타뉴 지방의 바닷가에 가면
감자튀김을 곁들인 홍합 요리인 물 오 프리트도 있다.

김을 곁들인 요리, 스텍 오 프리트(*Steak aux frites*)가 좀 더 일반적이지만 소고기만 먹기는 심심했는지 아니면 소고기가 비싸서 보다 저렴한 닭고기를 이런 방식으로 먹게 되었는지는 모를 일이다. 자크리씨 집에서 보았던 기억은 없고 주로 대중식당이나 값이 싼 대학 식당에서 많이 볼 수 있었다. 브르타뉴 지방의 바닷가에 가면 감자튀김을 곁들인 홍합 요리인 물 오 프리트도 있다. 홍합과 감자의 조화는 글쎄, 그냥 그렇다.

프리트라는 감자의 조리 방식을 두고 벨기에인은 벨기에가 먼저 발명했노라고 주장했지만 프랑스에서 처음 개발되었다고 인정되어서 보통 프렌치프라이라고 부른다. 지금은 감자를 얇게 채 썰어 튀기는 것이 당연하게 생각되지만 처음에 감자는 주로 통감자로 구워먹는 방식이었으니 채를 썰어 튀긴다는 아이디어는 굉장히 획기적인 것이었다.

아프리카에서 온 쿠스쿠스

쿠스쿠스(*couscous*)는 밀을 말려 1밀리미터 정도의 크기로 으깬 것에 고운 밀가루를 입혀놓은 것이다. 이렇게 크기가 작다보니 꼭 좁쌀같이 보이는데 북아프리카에서 주식으로 먹으며 리비아, 모로코, 튀니지와 같은 곳에서는 고기와 당근, 감자 등과 같이 쪄 먹는다고 한다. 지중해 연안에서는 생선이나 스튜와 함께 먹기도 한다. 프랑스인도 쿠스쿠스를 즐겨 먹는데 이는 북아프리카 음식 문화가 유럽으로 전파된 탓이다. 과거 프랑스는 영국과 함께 아프리카 식민지를 나눠 가지고 있었는데 이때 식민지 국가에 자국 문화를 전파하기도 했지만 거꾸로 그들의 영향을 받기도 했다. 그 예로 쿠스쿠스를 들 수 있다. 가정에서는 복잡하게 요리하지 않고 간단하게 통조림으로 된 것을 데워 먹기도 한다. 어느 나라에서나 외국 문화는 동경의 대상이다. 쿠스쿠스를 대하는 프랑스인에게서도 이런 모습을 발견할 수 있다.

프랑스식 부침개, 크레프

크레프(*crêpe*, 크레이프)는 프랑스의 전통 음식 가운데 하나로 우리나라의 빈대떡이나 부침개와 같은 음식이다. 밀가루 반죽의 두께와 크기, 속에 들어가는 재료에 따라 메인 요리가 될 수도 있고 후식이 될 수도 있는데 메인 요리에는 고기나 소시지, 계란 프라이, 치즈와 같은 기름지고 칼로리가 높은 재료가 들어가고 후식에는 잼이나 마멀레이드 같이 달콤한 것이 들어간다.

프랑스는 원래 가톨릭 국가로서 부활절이 시작되기 40일 전부터 금식과 명상의 시간을 갖도록 되어 있었다. 금식이 시작되기 전날을 마르디 그라(*mardi gras*), 즉 '기름진 화요일'이라고 부르는데 이날 먹었던 음식이 달걀과 버터 등을 잔뜩 넣은 크레프였다.

프랑스어에서 단어의 마지막 'e'는 소리가 나지 않는데 처음 크레프를 동양으로 들여온, 아마도 일본인으로 추정되는 이는 그것을 몰랐는지 영어식으로 '크레페'라고 읽었던 것 같다. 그래서 크레프는 크레페라는 이름으로 우리나라와 일본에 진출해 있는데 주로 생크림이나 아이스크림이 많이 들어간 간식용으로 판매된다. 도쿄의 샹젤리제 거리라고 하는 하라주쿠의 오모테산도 거리에 가면 본토인 프랑스에서보다 훨씬 많은 종류의 크레프를 파는 상점도 있다.

처음 크레프를 맛본 것은 베르사이유 궁전에 갔을 때였다. 프랑스 전통 크레프를 전문으로 하는 집이었다. 전채, 메인, 후식 세 가지가 모두 크레프여서 놀랐다. 아직 그 집이 있는지는 모르겠지만 커다란 메인 요리 접시에 담긴 크레프, 그 위에 놓여 있던 두꺼운 소시지와 계란 프라이가 아직도 생각난다. 90년대까지만 해도 파리 시내 곳곳에서 크레프를 파는 노점상을 볼 수 있었다. 저녁 식사 시간이 늦은 프랑스에서 크레프는 늦은 오후의 허기를 달래줄 수 있는 좋은 간식거리다. 갖가지 종류의 잼은 물론 계피가 들어간 흑설탕을 넣은 크레프도 있다. 약간 호떡 같은 느낌이 든다. 최근에 라파이에트 백화점과 그리 멀지 않은 곳에 파리에서 가장 맛있는 크레프 집이라고 간판을 단 크레프 집을 발견했다. 전통적인 크레프가 칼로리가 높은 것을 의식해서인지 바삭하게 느껴질 정도로 아주 얇게 부친 크레프를 팔고 있었다.

프랑스 식탁에 빠지지 않는 뱅

뱅(vin)은 프랑스어로 '포도주'라는 뜻이다. 프랑스하면 무엇보다 포도주를 떠올리게 될 정도로 프랑스와 포도주는 떼어놓고 생각할 수 없는데 실제로 저녁 식탁에는 항상 포도주가 올라온다. 색깔로 보았을 때 포도주는 세 가지, 뱅 루즈(vin rouge), 뱅 블랑(vin blanc), 뱅 로제(vin rosé) 즉 적포도주, 백포도주 그리고 이 둘을 섞어놓은 것 같은 색인 분홍색 포도주

로 나뉘는데 포도주하면 뭐니 뭐니 해도 역시 적포도주가 최고인 것 같다. 적포도주가 없는 프랑스식 식사는 왠지 어색하다.

자크리 씨네 저녁 식탁에도 적포도주는 빠지지 않았다. 요리는 자크리 씨가 다 했지만 코스별로 요리를 내오는 사람은 자크리 부인이었다. 편히 앉아 있지 못하고 계속 왔다 갔다 하니 프랑스식 식사를 하려면 하인이 필요하다는 생각도 들었다. 자크리 씨는 테이블 가운데 앉아서 사람들에게 골고루 포도주를 따라주고 누군가의 잔이 비지 않았는지 살피면서 식사 분위기를 이끌어갔다. 포도주병을 잡은 사람이 왕인 셈인데 전통적으로 가장이 식사 테이블의 중심이 되는 것은 우리나라와 비슷하다.

프랑스의 마트에 가면 주류를 파는 곳에 포도주가 주종을 이루고 있다. 맥주, 소주로 가득 차 있는 대신 포도주병이 줄줄이 있으니 우리네 마트의 풍경과 다르다. 민경이와 여행을 하면서 호텔로 돌아올 때는 분위기를 내기 위해 마트에 들러 포도주를 사곤 했었다. 지역이 다양한 만큼 포도주 종류도 많으니 라벨을 읽고 있으면 머리가 아플 지경이었다. 한국에 수입되어 들어와 있는 포도주를 프랑스 마트에서 발견하는 일은 드물다. 보르도산이면 대체적으로 신뢰가 가서 보르도산 포도주

중에서 병과 라벨이 주는 느낌으로 고를 때가 많다. 중간 정도의 바디감에 신맛이 덜하고 약간의 과일향이 섞여 있으면 내겐 백 점짜리 포도주이다.

어떤 포도주가 좋은 포도주인지 정답은 없다. 비싼 포도주가 좋은 포도주일 확률이 높지만 보들레르는 내게는 맹맹하기만 한 부르고뉴산 포도주만 마셨다고 하니 프랑스인들이 입버릇처럼 말하듯이 자기 입맛에 잘 맞는 포도주가 좋은 포도주인 게 분명하다. 포도주는 세 단계에 걸쳐 즐기는 술이다. 눈으로 색을 즐기고 코로 냄새를 즐기고 마지막으로 혀로 맛을 즐긴다. 입안에서도 세 번쯤 굴린 다음 목으로 넘긴다. 소주처럼 단번에 입 속으로 털어버리는 술이 아니라 천천히 음미하는 술이다.

생산지로 보았을 때 포도주는 크게 보르도산과 브르고뉴산으로 나뉜다. 프랑스 내 포도주 생산지는 많지만 굳이 하나를 더하자면 론 지역의 포도주가 그다음을 잇는다고 할 수 있다. 프랑스 남서부에 위치한 보르도 지역은 기원전 로마인의 정착 시기부터 포도주를 만들기 시작했으니 역사가 무려 2,000년이 넘는다. 메독, 포므롤, 생테밀리옹, 마고, 포이약 등이 이 지역 포도주인데 만화 <신의 물방울>에서 극찬을 해서인지 브랜드로는 샤토 마고와 샤토 무통 로쉴드가 단연 유명하다. 보르도산 포도주는 떫은맛이 강하고 바디감이 있어서 센 술을 좋아하는 사람에게 잘 맞는다. 브르고뉴는 프랑스 동부 내륙 지방에 위치하고 있으며 세계적인 명품 로마네 콩티의 생산지다. 카베르네 소비뇽, 메를로 품종으로 만들어지는 보르도산 포도주와 달리 피노누아나 가메 품종이 주를 이루어서인지, 토양과 햇빛이 달라서인지 모르겠지만 보르도산 포도주만큼 맛이 강하지 않고 밍밍한 느낌이 들 때가 많다. 하지만 샤르도네 품종으로 만드는 백포도주는 언제나 맛있다. 우리에게 잘 알려진 보졸레 누보(Beaujolais nouveau)가 여기에서 생산된다. 보졸레 누보는 그해에 생산된 포도로 만들어서 그해 11월 셋째 목요일에 전 세계로 동시에 출하하는 것으로 유명하다. 오크통 안에서 오랫동안 잘 숙성된 포도주가 좋은 포도주이니만큼 보졸레 누보는 사람으로 치면 이제 막 태어난 아기나 마찬가지이지만 오래 기다리지 않고 그해의 포도주 맛을 확인할 수 있다는 것이 매력 포인트! 세계 각지에서 보졸레 누보를 맛보는 파티가 열리고 백화점에서도 시음 행사를 마련하곤 한다. 서울 프랑스 문화원에서 주최하는 보졸레 누보 파티도 있다. 프랑스 중남부 론 지역의 포도주는 시라나 그르나쉬 품종이 주를 이루는데 우리에겐 보르도산만큼 대중적으로 알려져 있지는 않다.

포도주와 음식과의 조화, 마리아주

마리아주(mariage)는 '결혼, 결합'이라는 뜻의 프랑스어이다. 물론 남녀 간의 결혼을 의미하는데 프랑스에는 결혼해서 같이 사는 커플만큼 동거하는 커플도 많다. 자크리 씨네 첫째 딸인 마리안도 독립해서 몽마르트르 근처에서 남자와 동거하고 있었다. 한 번은 저녁 식사에 동거남을 데려온 적이 있는데 그는 대머리에 비쩍 마른 외형을 가졌고 옷차림도 전혀 세련되지 않았다. 외모로 사람을 판단하기 쉬웠던 20대의 나는 마리안이 그 남자의 어떤 면에 끌렸을까 의아하게 생각했다. 동거가 보편화

된 프랑스이지만 자크리씨는 딸이 결혼하지 않고 동거를 하는 것에 대해 걱정을 하고 있었다. 프랑스 기성세대의 생각은 우리나라와 크게 다르지 않았다.

최근 우리나라에서는 마리아주가 다른 의미로 통용된다. 포도주와 음식 간에 조화가 잘 맞아 함께 먹기 좋을 때 둘 사이의 마리아주가 좋다고들 한다. 프랑스의 메인 요리는 주로 고기류라서 적포도주와 대체로 궁합이 잘 맞는다. 닭고기나 거위 다리 같은 음식은 백포도주와도 어울리기 때문에 날씨와 기분에 따라 요리와 포도주를 선택해도 좋다.

소믈리에

레스토랑의 소믈리에(*sommelier*)는 포도주 전문가로 고객의 취향에 맞는 포도주를 골라 주거나 고객이 주문한 음식과 마리아주가 훌륭한 포도주를 추천하는 사람이다. 이들은 국적이나 산지, 샤토, 브랜드, 생산년도에 따라 다른 맛의 차이를 구별해 내는 훈련 과정을 거친 사람들로 미세한 맛의 차이를 알아내야 하기 때문에 미각을 둔화시키거나 변형시킬 수 있는 술, 담배는 전혀 하지 않는다.

2007년에 지방으로 가기 전 며칠을 파리에서 머물렀는데 우연히 생 제르멩 데프레 근처에서 멋진 레스토랑을 발견했다. 이름도 모르고 들어간 그 레스토랑을 이틀 저녁 연달아 갔었는데 음식이 맛있다기보다 소믈리에가 정말 잘 생겼기 때문이었다. 처음 갔을 때, 옆 테이블에서 열심히 포도주를 설명하고 있는 소믈리에의 모습에 반해 두 번째 갔을 때 일부러 바로 포도주를 주문하지 않고 이것저것 물어보니 주문받던 사람이 소믈리에를 데려왔다. 하지만 정작 설명을 시작하자 우리 일행은 그의 얼굴을 쳐다보느라고 아무 말도 듣지 못했다. "그럼 무엇으로 하시겠어요?" 마지막으로 그가 물었을 때 모두 당황했다. '그냥 그거'라고 황급히 말하면서 그가 들고 있던 병을 가리켰다.

소믈리에는 포도의 품종, 수확 연도는 물론 숙성 방법이나 원산지와 같은 포도주 특징에 대해 전문적인 지식을 갖추고 있어야 하며 레스토랑에서 구비해 놓아야 할 품목을 선정하고 주문하며 포도주의 맛이 변질되지 않도록 잘 저장하는 일 등 포도주에 관한 모든 일을 맡는다. 하지만 아무리 전문적인 소믈리에라도 손님의 개인적인 취향을 단번에 알아내기란 어려울 것이다. 포도주를 좋아한다면 평소에 자신의 취향을 잘 파악해서 스스로가 좋아하는 포도주를 고르는 게 가장 현명하다.

프랑스인의 김치, 프로마주

프로마주(*fromage*)는 '치즈'를 뜻하는 프랑스 단어이다. 사전에는 '우유를 졸여 발효 과정을 거친 후 얻게 되는 식품으로 소나 염소의 치즈가 있다'[1]라고 되어 있는데 프로마주를 이렇게 단순하게 정의하기에는 뭔가 부족한 느낌이다.

지금까지도 음식 비평 에세이의 교과서처럼 여겨지는 《미각의 생리학(*Psyologie du Goût*)》을 저술한 브리야 사바랭(*Brillat-Savarin*)이 '프로마주가 없는 식사는 한쪽 눈이 없는 미인과 같다'[2]라는 말을 했을 정도로 프랑스인에게 프로마주의 의미는 특별하다. 우리 식탁의 김치와 같은 느낌이라서 이게 빠지면 뭔가 서운하다. 풀코스로 된 식사를 하다보면 식사의 마지막, 달콤한 후식을 먹기 전에 프로마주가 제공된다. 식당에서는 갸르송이 다양한 프로마주가 놓여 있는 나무 도마를 들고 등장하는데 이때 사람들은 메뉴를 고를 때처럼 아주 신중하고 꼼꼼하게 도마 위의 프로마주를 살펴보고 원하는 것을 골라 한두 조각 잘라서 자기 접시로 가져간다. 프로마주는 그냥 먹기도 하고 식사하고 남은 바게트나 포도주와 함께 먹기도 한다. 초대를 받았을 때 프로마주를 너무 많이 먹으면 식사가 부실했다는 의미가 되기도 하므로 적당히 먹는 게 좋다.

배고플 때에 프로마주를 바게트에 바르거나 끼워서 먹으면 훌륭한 한 끼 식사가 된다. 여기에 토마토나 양상추와 같은 야채 그리고 장봉(jambon, 햄)까지 넣어 샌드위치로 만들어 먹으면 더 완벽한 식사를 할 수 있다. 간단한 파티에서는 프로마주를 비스킷 위에 얹어 카나페로 먹는다.

겉은 살짝 딱딱하고 줄무늬에 하얀 곰팡이가 피어 있지만 속은 말랑말랑한 카망베르(camembert), 겉에 하얀 곰팡이가 피어 있어 카망베르와 잘 구별하기 어렵지만 속이 더 말랑하고 끈적거려서 자를 때 칼에 쩍쩍 달라붙는 브리(brie), 겉과 속이 다 노르스름하고 살짝 딱딱하며 발효

---

❶ 「Le Robert Micro」, Alain Rey, Dictionnaires Le Robert.

❷ Psyologie du goût, Brillat-Savarin, Wikipédia français.
'Dites ce que vous mangez, alors je vais vous dire qui vous êtes
(당신이 무엇을 먹는지 말해 보라. 그러면 나는 당신이 누구인지 말해줄 것이다)'라는 말로
더 유명하며 19세기에 쓰인, 미식에 관해 견해를 피력한 이 책은 지금까지도 음식 비평의
지침서로 여겨지고 있다.

가스 때문에 기포 자국이 남아 있는 콩테(comté)가 프랑스인에게 인기 있는 프로마주다. 그 이외에 캉탈(cantal), 로크포르(roquefort), 퐁 레베크 (pont l'evêque)도 많은 사람의 사랑을 받고 있는데 프로마주 종류만 해도 300개가 넘으니 프로마주의 종류는 대충 생산지와 소나 양 혹은 염소 등 어떤 동물에서 나왔는지에 따라 분류되었다는 것 외에 자세한 것은 알기 힘들고 마트에 가도 뭐가 뭔지 헷갈리기만 한다. 개인적으로는 곰팡이 냄새가 풀풀 나는 카망베르나 브뤼보다는 스위스산 그뤼에르(gruyère)를 좋아한다. 역한 냄새가 나지 않고 오래 씹으면 고소한 맛이 나기 때문이다. 다행히 유럽에는 국경이 없는지라 프랑스의 마트에 가도 그뤼에르를 쉽게 발견할 수 있다. 천연 프로마주의 역한 냄새에 적응하지 못하는 사람에게는 우리에게도 잘 알려진 프랑스 국적의 가공 치즈인 '웃는 소(vache qui rit)'를 추천한다.

세계 3대 진미 중 하나, 푸아그라

프랑스인들도 크리스마스 같은 명절에나 먹는 푸아그라(foie gras)는 '기름진 간, 뚱뚱한 간'이라는 의미다. 주로 거위나 오리의 간을 의미하는데 캐비어, 트뤼프와 함께 세계 3대 진미로 치는 사람이 많다. 하지만 개인적으로는 푸아그라가 그렇게 맛있는 음식인지는 잘 모르겠다. 게다가 우리나라에서는 순대와 함께 나오는 싼 가격의 간이 왜 프랑스에서는 고급 음식으로 등극해 있는지 이해하기 어려운데 아무래도 그런 생각을 바꾸는 힘들 것 같다. 소나 돼지의 간과 오리나 거위의 간이 그렇게 다른 것일까.

처음으로 푸아그라를 먹었던 것은 보르도에서 기차를 타고 한두 시간 내륙 지방으로 들어가면 있는 페리괴(Périgeux)근처의 어느 마을에서였다. 비쉬에서 한 달 동안 교사 연수가 있어서 주말을 이용해서 알고 있던 어느 프랑스인의 별장에 놀러 갔는데 그의 집이 프랑스의 산골 중의 산골인 페리괴였고 근처에는 세계사 책에 나오는 라스코 동굴이 있었다. 보르도에서 내륙으로 쭉 이어지는 그 라인은 모두 관광지로 이용되는 동굴 지역이어서 라스코 이외에도 여러 개의 동굴이 있었고 동굴마다 입장을 기다리는 사람들이 줄을 서 있었다. 라스코 동굴을 보고난 후 저녁을 먹으러 어느 식당으로 갔는데 지역에서 나오는 포도주와 지역 특산물인 푸아그라를 맛볼 수 있는 세트 메뉴를 추천받았다. 맛을 제대로 느낄 줄 몰라서인지 푸아그라의 맛은 그냥 그랬다. 푸아그라를 남기자 나를 식사에 초대한 프랑스인이 다 먹어 치웠다. 남의 음식을 먹는 것은 프랑스인이 좀처럼 하지 않는 행동인데 푸아그라가 귀한 음식이라 그랬을 것 같다. 다음 날, 푸아그라를 만드는 농장을 방문했을 때는 끔찍한 경험을 하게 되었다. 농장은 드넓은 전원에 자리를 잡고 있었고 거위와 오리는 그 가운데 낮은 나무 울타리가 둘러쳐진 좋은 환경에서 자라고 있었다. 그러나 기름진 간을 만들기 위해 기구를 이용해 오리의 부리 속으로 사료를 강제 주입하고 있었다. 관광객이 모여들자 농장 주인이 그 광경을 보여주기 위해 그중 한 마리를 잡으려고 울타리 안으로 들어갔는데 모든 거위와 오리가 주인을 피해 한쪽으로 몰렸다. 경험상 오리들은 고통을 기억하고 있는 것 같았다. 운 나쁘게 모델로 잡힌 거위의 목 안으로 길고 굵은 철제 주입기가 들어가고 주인은 그 안으로 옥수수 알을 쏟아부었다. 보는 사람들은 일제히 '오, 마이 갓!' 이런 반응을 보였다. 관광객의 반응을 익히 알고 있는지 주인의 표정도 밝지는 않았다. 푸아그라는 비인간적인 방법으로 만들어지는 기름 덩어리 간이다. 세계적인 진미로 꼽기에는 너무 잔인한 식재료이다. 돌아오는 길가에는 여러 농장에서 나온 사람들이 병이나 캔에 든 푸아그라를 쌓아두고 판매하고 있었다.

독특한 향을 가진 세계 3대 진미, 트뤼프

트뤼프(*truffe*)는 최근 요리 프로그램에서도 자주 등장하는 검정색 버섯인데 영어로는 트러플, 한국어로는 송로 버섯이라고 한다. 프랑스 페리고르 지방에서 나는 버섯이며 떡갈나무 숲에서 자연적으로 자란 것을 채취하므로 생산량이 많지 않다. 하지만 캐비아, 푸아그라와 함께 세계 3대 진미 중의 하나로 꼽으니 찾는 사람이 많다. 트뤼프는 복합적인 향을 가지고 있다. 그 향은 다른 어떤 식재료와도 비교할 수 없을 만큼 독특하다. 그래서 음식에 트뤼프 조각을 조금이라도 얹게 된다면 맛이 이전과는 확연히 달라진다. 그래서 세계 3대 진미라고 하는 것 같다. 당연히 가격이 비싸서 트뤼프 채집 시기가 되면 각지에서 모여든 사람들이 이 버섯을 찾으러 보통 한밤중에 수년간 훈련시킨 개나 돼지와 함께 숲으로 향한다. 트뤼프의 향이 강하니 후각이 발달한 동물을 이용해 찾는 것이다. 또한 한밤중에 트뤼프를 찾으러 가는 이유는 동물이 트뤼프 냄새에 집중할 수 있도록 돕고 다른 이에게 트뤼프를 발견한 장소를 들키지 않기 위해서라고 한다.

트뤼프는 워낙 고가라서 우리의 산삼만큼 귀한 것일지도 모르겠다. 또한 화이트 트뤼프는 블랙 트뤼프보다도 귀해 매우 비싸다. 한편 커피와 곁들여 먹는 과자에도 트뤼프라는 이름이 붙어 있는데 아마 버섯같이 동그란 모양과 짙은 색깔 때문인 듯하다.

내가 가장 좋아하는 파티스리, 밀 푀이유

다니엘은 파티스리(*pâtisserie*)를 공부하기 위해 미국에서 온 친구였다. 그는 늘 예쁜 파티스리가 진열된 빵집의 쇼케이스를 들여다보곤 했는데, 그 모습이 사뭇 진지해서 가끔은 웃음이 나왔다. 파티스리는 한국어로 정확히 어떻게 번역해야 할지 난감한 단어다. 제과 제빵이라고 부르면 촌스러운 느낌이 나고 달달한 후식용 빵과 케이크라고 부르면 표현이 복잡하다. 어쨌거나 밀가루를 베이스로 한 단맛이 나는 후식용 빵의 총칭이 파티스리이다. 전혀 달지 않은 빵과는 구별되고 사전에는 과자라고 번역되어 있는 경우도 있다.

프랑스는 일찍부터 파티스리가 발달했다. 식사 자체가 우리처럼 한상을 차려놓고 여러 가지 영양분과 맛을 한꺼번에 섭취하고 맛보는 식사가 아니라 전채, 메인, 후식으로 이어지는 순서를 가진 식사이기 때문에 각 코스는 서로 다른 영양분과 맛을 가지고 있다. 전채는 비네그르(*vinaigre*, 식초) 소스를 뿌린 샐러드와 같이 살짝 자극적이어서 입맛을 돋게 하는 것이고 메인은 포도주를 곁들인 고기처럼 몸에 단백질과 같은 영양소를 공급하는 무거운 음식이므로 후식은 가벼우면서도 달콤해야 하는 것이 공식이다. 따라서 파티스리는 달다.

달달한 것을 좋아하지 않는 나에게 아직까지도 잊지 못할 최고의 파티스리는 다니엘이 파티스리 학교에서 공부하며 만들어 줬던 밀 푀이유(mille feuille, 밀푀유)였다. 밀 푀이유는 천 개의 잎이라는 뜻의 프랑스어로 여러 층의 얇은 파이로 된 파티스리를 가리키는 말이다. 겹겹이 쌓인 파이의 바삭함과 달콤한 크림의 조화는 뭐라고 형언할 수 없는 맛이었다. 요즘 한국에는 빵이나 케이크 형태뿐만 아니라 배추 사이사이에 고기를 층층이 넣어 끓여 먹는 전골 요리인 밀푀이유 나베가 유행 중이다.

최고의 부드러움을 가진 크렘 브륄레

밀푀이유만큼 좋아하는 후식이 있다면 그건 바로 크렘 브륄레(crème brûlée)다. 크렘 브륄레는 바닐라 크림 베이스에 캐러멜을 얹어서 살짝 구워낸 프랑스의 대표적 후식인데 달콤하면서도 부드러운 맛이 혀끝을 감싸기 때문에 포도주와 스테이크로 피곤해진 입안을 나른하게 만들면서 혀끝의 긴장을 풀어 준다.

<내 남자 친구의 결혼식>이란 영화를 보면 결혼을 앞둔 키미가 크렘 브륄레를 먹으면서 행복해하는 장면이 나온다. 영화에서 키미는 시카고 대학을 다니는 천진하고 사랑스러운 대학생이다. 아버지가 화이트 삭스 야구단 구단주이니만큼 근심 걱정이라고는 해본 적 없는 공주 같은 그

크렘 브륄레는 바닐라 크림 베이스에 캐러멜을 얹어서 살짝 구워낸
프랑스의 대표적 후식인데 달콤하면서도 부드러운 맛이 혀끝을 감싸기 때문에
포도주와 스테이크로 피곤해진 입안을 나른하게 만들면서 혀끝의 긴장을 풀어 준다.

녀는 순수함과 부드러움 자체인 크렘 브륄레와 비슷하다. 자신의 결혼을 방해하려는 줄리안의 속마음도 모르고 쉽게 속아 그녀를 친구라고 생각한다. 줄리안은 키미의 약혼자, 마이클과 오랫동안 친구였으며 28세까지 애인이 생기지 않는다면 서로 결혼하기로 약속했던 사이였다. 한때 연인이었지만 더는 이성으로 생각하지 않았던 마이클이 막상 결혼한다고 하자 줄리안은 그를 붙잡고 싶어져서 키미와 마이클이 있는 시카고로 한걸음에 달려간다. 두 여자 사이에서 행복한 갈등에 빠진 마이클은 약간 흔들리지만 줄리안의 결혼 방해 작전은 결국 실패로 돌아가고 키미와 마이클은 행복한 결혼식을 하게 된다. 영화의 엔딩은 언젠가 샹젤리제 거리의 어느 식당에서 먹었던 윗부분이 약간 타버린 크렘 브륄레의 맛처럼 달콤하지만 살짝 쓰다.

쇼콜라

프랑스식 식사의 후식으로 빼놓을 수 없는 게 있다면 그건 바로 쇼콜라(chocolat). 쇼콜라는 프랑스어로 '초콜릿'이라는 뜻인데 케이크인 갸토 오 쇼콜라(gâteau au chocolat), 무스 상태로 만들어 살짝 얼린 무스 오 쇼콜라(mousse au chocolat)가 바로 그 주인공이다.

물론, 카페에 가면 뜨겁게 액체 상태로 마시는 쇼콜라 쇼(chocolat chaud)가 있고 마트에 가면 고체 상태의 딱딱한 쇼콜라도 있다. 한국에는 많이 없는 쇼콜라 블랑(*chocolat blanc*)을 좋아해서 마트에 갈 때마다 한두 개씩 사곤 했다. 프랑스에서 판매하는 과자의 부피와 질량은 한국의 것을 능가하기에 결과적으로 몸무게는 나날이 늘어만 갔다. 음식은 기름지고 후식은 달기만 한 프랑스. 그럼에도 파리지엔느들은 왜 하나같이 가늘고 날씬한지 의문이다.

사과와 배

프랑스 식당에서 재미있었던 것은 후식 메뉴에 종종 사과, 폼므(*pomme*)가 올라와 있었다는 점이다. 느끼하다며 프랑스 음식을 거부하는 사람은 후식으로 사과를 고르는 경우가 많았는데 사과는 예쁘게 잘린 채로 접시 위에 세팅되어 있는 것이 아니라 껍질도 벗기지 않은 사과 하나가 통째로 접시 위에 올라와 있어 모두를 놀라게 했다. 테이블 위에 놓인 나이프는 스테이크만을 위한 것이 아니었다. 프랑스인들은 나이프로 껍질을 벗기고 잘라서 사과를 먹었다.

거리에 있는 식료품점을 가면 배, 푸아르(*poire*)를 비롯한 여러 가지 과일을 판다. 입식 생활을 하는 만큼 과일도 서서 볼 수 있도록 층층이 위로 진열되어 있는데 사과나 배와 같은 과일은 무조건 무게 단위로 판매한다. 우리나라처럼 낱개 단위로 금액을 매기는 게 아니고 한 개라도 저울에다 무게를 단다. 그래서 같은 한 개도 가격이 조금씩 다르다. 어학 수업에서는 열두 시쯤 되면 휴식 시간을 주었는데 이때 학생들은 거리로 나가 빵이나 음료 혹은 사과나 배를 사먹기도 했다. 사과는 우리나라 사과

만큼 단단하지 않고 달지도 않다. 배는 작은데 둥글지 않고 꼭지 부분이 튀어나온 서양 배다. 그들은 배를 껍질째 먹었는데 그냥 먹기엔 약간 찜찜하긴 했지만 사과보다는 배가 맛있었던 것 같다.

초대

앵비타시옹(invitation), '초대' 프랑스에서는 외식비가 매우 비싸기 때문에 정말 특별한 경우가 아니면 친구를 밖에서 만나기보다는 집으로 초대하는 일이 많다. 초대한 사람 수에 딱 맞추어서 접시, 나이프, 포크를 세팅해 두고 포도주잔을 놓으며 음식도 준비하기 때문에 초대 받지 않고 얼렁뚱땅 다른 이들 틈에 묻어서 남의 집에 놀러 가면 대단한 실례가 된다. 그것뿐만 아니라 다른 사람이 식사하는 것을 그냥 구경만 하게 될 수도 있다. 우리나라처럼 밥 한 공기 더 뜨고 숟가락, 젓가락만 더 놓으면 되는 식사 문화와 달라서 그런 것 같다. 스테이크를 준비한다면 사람 수에 맞게 고기를 사기 때문에 대접하고 싶어도 줄 것이 없는 것이다.

초대를 할 때는 보통 가족 단위로 초대하거나 친구 부부를 초대하는 경우가 많다. 마담 파르망티에는 프랑스인 커플과 리비아 출신 커플을 초대하고 짝이 없는 나를 위해서는 어떤 중국인 유학생을 초대하여 저녁 식사를 함께 하곤 했다. 커플은 옆으로 나란히 앉지 않고 서로 마주 보고 앉도록 자리가 정해진다. 프랑스인의 저녁 식사는 늦게 끝나는데 손님을 초대한 경우에 식사 시간은 더 길어진다. 친한 친구를 초대했을 경우에는 차나 포도주를 마시며 이야기가 밤새도록 이어지기도 한다. 초대를

받았다고 해서 선물로 무엇을 가져갈 것인가 심각하게 고민할 필요는 없다. 상황이 허락한다면 언젠가 내가 다시 그들을 초대할 것이기 때문이다. 꼭 무엇을 가져가고 싶다면 포도주를, 특별한 경우에는 꽃을 사 간다.

파티에는 샹파뉴와 마카롱

파티와 축제, 축하의 이미지를 가지고 있는 샴페인의 프랑스 원어 이름은 샹파뉴(*champagne*)다. 생산지가 프랑스 샹파뉴 지역인데서 유래된 이름이다. 널리 쓰이고 있는 샴페인이란 단어는 샹파뉴의 영어식 표현인데 왠지 단어 자체가 고급스러운 느낌을 준다. 술 자체가 고급스러운데다 파티의 이미지와 겹치기 때문인 것 같다.

샹파뉴는 색깔로 보았을 때 노란빛이 감도는 백포도주라고 할 수 있는데 탄산 성분이 들어가 있어 다른 백포도주와는 구별된다. 샹파뉴 지역에서 생산되는 이 발포성 포도주는 세계적으로 유명하다. 길고 날씬한 샹파뉴 잔에 따랐을 때 노란색 액체 사이로 몽글몽글 피어오르는 기포의 모양이 정말 예쁘다. 잔에 따르면 함께 따라오는 '싸아' 하고 울려 퍼지는 작은 소음도 즐겁다. 달콤 쌉싸름한 샹파뉴는 프랑스 대표 과자인 알록 달콤한 마카롱(*macaron*)의 아삭한 씹는 맛과 달콤한 뒷맛과도 잘 어울려서 파티에서 이 둘을 함께 내오는 경우가 많다. 하지만 샹파뉴는 가격이 비싸기 때문에 프랑스인도 항상 즐길 수 있는 것은 아니다.

카페

프랑스 카페(*café*)의 내부는 대체적으로 세 구역으로 나뉜다. 커피를 만들어주는 사람의 바로 앞자리인 스탠드 형식의 바가 있는 곳과 그 밖의 실내 자리 그리고 테라스 자리. 커피를 마시러 자주 카페에 드나드는 동네 아저씨들이 스탠드를 이용하는데 그들은 커피를 마시며 바리스타와 수다를 떤다. 시간이 없는 사람도 스탠드 자리를 이용한다. 선 채로 커피를 주문하고 재빨리 마시고 나간다. 그 밖에 친구와 같이 커피를 마시러 오거나 한가롭게 햇볕을 즐기려는 사람은 대체로 테라스 자리를 선호한다. 여행자도 테라스를 좋아한다. 오가는 사람들과 거리 풍경을 바라보는 것이 즐겁고 테라스에 앉으면 왠지 나도 프랑스인이 된 것 같은 기분을 잠시나마 느낄 수 있다. 프랑스의 카페는 대체적으로 햇볕을 많이 받을 수 있는 구조로 되어 있다. 접을 수 있는 커다란 유리창이 실내와 테라스를 나누고 있는데 유리창을 접으면 실내와 테라스는 하나의 공간으로 이어지게 된다. 요즘 압구정이나 홍대 앞에도 이런 형태의 카페나 레스토랑이 많이 생겨 낯선 구조는 아닐 것이다.

카페에는 커피를 마시는 장소 이외에도 '커피'라는 의미가 있다. 그런데 프랑스에서 카페라고 하면 기본적으로 크림을 넣지 않는 에스프레소를 의미한다는 것을 알고 있어야 카페를 잘못 주문해서 작디작은 잔에 담긴 쓰디쓴 에스프레소 한 잔을 앞에 놓고 돈 아깝다는 생각을 안할 수 있다. 카페는 카페 누아르(café noir) 즉 '블랙커피'를 의미하고 아무것도 안 들어가기 때문에 가격도 싸다. 쓴맛이 싫으면 카페 알롱제(café allongé)를 주문한다. 에스프레소에 뜨거운 물을 넣어 맛을 연하게 만든 것이다. 하얀 무엇인가를 넣은 커피를 좋아하면 카페 누아제트(café noisette)나 카페오레(café au lait)를 주문해야 하는데 크림이나 우유가 추가되어 가격이 더 비싸진다. 잔도 더 크다. 프랑스의 카페에서 덩치 큰 프랑스인이 엄지와 검지 사이에 겨우 끼워질 정도의 고리가 달린 잔에 담긴 쓴 커피를 마시는 모습은 재미있다. 너무 쓰기 때문에 이들도 하얀 각설탕을 하나씩 넣어 먹는다.

파리 시내를 걷다 보면 카페-비스트로(bistrot)-브라스리(brasserie)라고 적힌 간판을 동시에 달고 있는 가게를 보게 된다. 비스트로나 브라스리는 간단한 식사를 할 수 있는 장소로 이런 간판을 내건 카페는 간단한 식사까지 제공한다는 의미이다.

가르송

프랑스어로 '소년'이라는 뜻의 가르송(garçon)은 카페나 레스토랑의 남자 종업원을 뜻하기도 한다. 가르송은 대체적으로 젊지만 간혹 나이든 사람도 있다. 하얀 웨이터 복장을 하고 앞치마를 두른 아저씨가 가르송, 소년이라니. 이런, 의미의 불일치가 따로 없다. 아직도 유서 깊은 '카페 드 플로르'나 '카페 레 되 마고'에 가면 아저씨 종업원이 점잖게 서빙해주는 모습을 볼 수 있다. 가르송은 고정된 월급이 없고 손님이 주는 팁, 푸르부아르(*pourboire*)가 수입의 전부였기 때문에 프랑스에서는 정해진 음식 가격의 10퍼센트 정도를 테이블에 팁으로 놓고 나오는 게 보통이었는데 요즘에는 가르송도 정해진 월급을 받고 세금도 음식 가격에 이미 포함되어 있어서 특별한 경우가 아니라면 꼭 팁을 줄 필요는 없다. 하지만 팁 문화가 남아있기 때문에 약간의 넉넉한 금액을 계산서와 함께 테이블에 놓고 나와도 굳이 거절하지는 않는다.

관광 안내 책자 안의 가르송은 우아하고 여유롭게 웃고 있지만 많이 일을 할수록 많이 버는 일의 특성상 힘든 노동에 지쳐 불친절하거나 신경질적인 가르송도 가끔 보게 된다. 관광 안내서에는 프랑스 식당에서 메뉴를 고르기가 힘들면 '추천 메뉴가 뭐예요?'라고 물어보라고 되어 있지만 실제로 이 문장을 사용해 질문해 보면 '난 모른다. 당신이 원하는 것을 골라라'라는 식의 대답이 오기도 한다. 많은 손님을 상대하니 일일이 설명해 주기가 귀찮은 것이다. 파리에 처음 오는 어리바리한 관광객이 항상 많으니 가르송은 피곤할 수밖에 없다.

구르메

구르메(*gourmet*)는 식도락가를 가리키는 프랑스어이다. 프랑스에서는 꽤 오래전부터 식도락을 중요하게 생각하는 사회적 분위기가 있었고 실력 있는 유명한 요리사가 존경받은 지도 오래되었다. 파리 시내를 걷다 보면 구르메를 위한 식당이라는 푯말이 걸려 있는 곳이 많다. 광고에도 구르메란 단어가 사용된다.

프랑스와 마찬가지로 우리나라에도 식도락 붐이 일어났는데 최근 십 년 사이의 일이다. 요즘엔 지상파, 케이블 TV는 물론이고 인터넷 개인 블로그에도 음식에 대한 이야기가 넘쳐난다. 맛있는 음식을 파는 곳, 만드는 방법과 먹는 모습이 담긴 사진을 어디를 가도 쉽게 접할 수 있다. 시간 차이가 있기는 하지만 대부분의 사회는 같은 방향으로 움직이는 것이 아닌가 싶다. 배가 고파서 식사를 하는 시기가 지나가고 나면 어떻게 해서든지 더 맛있는 것을 먹으려고 하는 시대가 오는 것이 자연스러운 것인가 보다.

프랑스 문화 생각하기 3

1. 프레베르의 시, 아침 식사(*Déjeuner du matin*)를 읽고 소감을 써 보자. 떠 오른 이미지를 그림으로 표현해 보자.

2. 파리지엥이 되어 자신의 아침, 점심, 저녁 식탁을 차려보자.

3. 와인과 치즈, 자신이 좋아하는 디저트에 대해 발표해 보자.

4. 카페의 의미와 사회적 역할에 대해 조사하여 발표해 보자

5. 카페에 앉아 바칼로레아 철학 시험 문제 중 하나를 골라 답안을 써 보자.

6. ≪카페 레 되 마고≫에 앉아 사르트르가 되어 실내 모습과 창밖 풍경, 거리를 지나치는 사람들의 모습을 묘사해 보자.

7. 카페 메뉴판을 만들어 보자.

4장

프랑스 사람과 생활

01
파리의
사람들

파리에는 다양한 사람들이 살고 있다. 처음 프랑스에 갔을 때는 거리에 아랍이나 아프리카계 사람들이 많아서 놀랐다. 여기가 프랑스가 맞나 싶을 정도였다. 하지만 프랑스가 한때 식민지를 개척했던 나라라는 것, 50, 60년대 과거 식민지였던 국가로부터 저임금 노동자를 불러들였다는 것을 안 다음에는 미국이나 영국의 대도시만큼이나 여러 인종이 모여 사는 글로벌한 도시가 된 이유를 이해하게 되었다. 파리에서 많은 사람을 만났는데 그때 나의 지인은 제롬과 어학 교실의 선생님, 유학생을 돕는 자원봉사자, 홈스테이의 가족, 길거리에서 만난 파비앵을 제외하면 대부분이 외국인이었다.

파리지앵과 파리지앤느

프랑스어에는 명사에 성이 구별되어 있다. 파리지앵(*parisien*)은 파리

시민 중 남자를 가리키는 말이며 파리지앤느(*parisienne*, 파리지앤느)는 여자를 가리키는 말이다. 이 단어들은 왠지 세련된 이미지와 연관되어 종종 패션 광고에 이용된다. 오래전 신촌에 막 H 백화점이 개점을 했을 때였다. 그 백화점의 초기 광고에서는 신촌에 사는 여성을, '신촌지앤느'라 명명했었는데 아이디어는 좋았지만 신촌은 'n'으로 끝나니까 굳이 갖다 붙이자면 신초니앤느(*sinchonienne*)가 맞지 않을까하는 생각을 했었다.

파리에 가더라도 거리나 지하철에서 마주치는 사람을 제외하면 실제로 파리지앵을 만나기는 쉽지 않다. 여행을 가면 일행끼리 다니게 되는 건 당연지사. 어쩌다 길거리에서 만난 현지인에게는 길이나 화장실을 물어보는 것이 전부이고 어학연수를 가도 교실에는 세계 각국에서 온 외국인뿐이다. 유학을 가더라도 공부하고 논문을 쓰다보면 지도 교수 외에 다른 인간관계를 만들기 어렵다. 석사 과정에서는 학과 동료가 있지만 팀 과제에 프랑스어가 서툰 외국인을 끼워주지 않으려고 한다. 파리지앵을 알고 그들의 생활을 알기 위해서는 무엇보다 홈스테이를 하는 게 좋지만 가격이 만만치 않다는 게 흠이라면 흠이다.

파리지앵은 대체로 가느다란 체격에 얼굴도 작고 흰 피부에 금발 머리라고 생각하기 쉽지만 알제리, 모로코 등지에서 온 사람이 많다. 가무잡잡한 피부에 머리카락 색이 검은 사람도 많고 혼혈도 많다. 파리 곳곳에 예술과 문화의 흔적이 가득하니 파리지앵도 여유롭고 친절한 것 같지만 실상 그렇지만은 않다. 파리도 대도시인지라 다들 자기 살기 바빠서 길을 지나가는 파리지앵을 붙잡고 길을 물었다가 오퀸 이데!(*Aucunne idée!*)

라는 '모르겠다'는 뜻을 가진 퉁명스러운 대답이 돌아오기도 한다.

자원봉사자, 볼롱티에

하지만 파리에 인정머리 없고 쌀쌀맞은 사람만 있는 것은 아니다. 파리에서 프랑스어를 배우는데 가장 도움이 되었던 사람이 바로 프랑스인 자원봉사자(*volontier*)들이었다. RER 루아얄 역 근처의 게이뤼삭이라고 하는 작은 거리에 아주머니들이 중심이 된 작은 자원봉사자 센터가 있었다. 그곳의 자원봉사자 대부분은 시간적으로나 경제적으로 여유가 있는 사람들이었고 또 대다수는 은퇴 후 할 일과 친구가 필요한 할머니였다. 파리에 체류하고 있는 유학생의 생활을 돕기 위한 모임을 만들어 자원봉사자와의 대화나 유학생끼리의 대화를 통해 프랑스어 실력을 향상시키고 파리시나 기타 단체에서 주관하는 문화 행사에도 초대하여 돈도 없고 파리 사정도 잘 모르는 유학생이 문화적인 측면에서도 소외되지 않도록 도와주고 있었다. 센터를 드나드는 유학생에게 약간의 연회비를 받고 자원봉사자 또한 회비를 내서 매달 센터 자체에서 계획하고 있는 연극 공연이라던가, 문화특강, 유학생에게 제공하는 간식 비용을 충당하고 있었다.

센터에서 알게 된 할머니 한 분이 바로 마담 파르망티에였다. 그녀는 또한 파리시의 쇼팽 피아노 연주회 부회장이었다. 할머니의 원래 국적은 오스트리아였다. 소르본 대학으로 유학을 와서 막 프랑스어를 배우기 시작하던 시절, 그녀는 지금의 남편을 만나 결혼했고 쭉 파리에 살게 되었다.

독일어가 모국어인 마담 자신도 외국어 학습의 고충을 알기 때문에 도와주고 싶다면서 몇 번인가 집에 초대해서 저녁 식사도 같이하고 가족 이야기도 해주었다. 그녀의 집은 파리 서쪽의 부촌 뇌이이에 있었다. 늘 행복한 삶을 살았을 것 같은 그녀에게도 아픈 가정사가 하나 있었는데 바로 큰 아들 장이 피레네 산맥에서 눈사태를 만나 사망한 것이다. 장은 에베레스트, 히말라야, 안나푸르나, 알프스 등 많은 산을 등반한 산악인 이었다. 누구보다도 산을 좋아해서 파리에 돌아오자마자 또 어디론가 떠나곤 했다고 한다. 아들이 썼다는 책을 그녀에게 선물 받았었다. 전면이 칼라로 된 전문 등산 서적이었는데 책이 꽤 팔려서 벌써 3쇄를 찍었다고 했다. 그녀는 시내에서 영화를 보여주기도 하고 카페 드 플로리와 같은 상류층 인사가 드나드는 카페를 데려가 주기도 하면서 관광객은 잘 모르는 파리 시내 구석구석을 안내해 주었다.

　게이뤼삭 거리의 센터 이외에 다른 자원봉사 센터가 하나가 더 있었다. 파리 알리앙스 근처의 클럽 다미티에(*Club d'amitié, 우정 클럽*)이다. 이곳은 프랑스어를 배우고자 하는 외국인이 아무 때나 들렀다 갈 수 있는 곳으로 프랑스인 자원봉사자가 시간대별로 두 명씩 나와 각각 다른 테이블에 앉아 있었다. 외국인들은 각자가 원하는 테이블에 앉아 자원봉사자와 대화를 나누는 방식으로 운영되는 센터였다. 사람이 많을 때도 있고 적을 때도 있었다. 프랑스인 자원봉사자뿐만 아니라 나와 같은 입장에서 그 센터에 방문하는 다른 나라 사람에게서도 많이 배울 수 있었던 곳이었다. 그중에는 프랑스어 능력과 관계없이 친구를 사귀기 위해 나오는 사람도 있었기 때문이다.

　은퇴한 후 자원봉사 활동을 하고있는 사람은 사회 구성원으로서의 자신의 역할을 찾고 또 다른 사람을 도움으로써 자신의 존재감도 확인한다. 고령화 사회에서 살아가는 한 개인의 현명한 대처 방식이면서 또 의미 있는 일이다. 이런 구성원들의 노력으로 사회가 건강해지는 것 같다. 자원봉사자를 통해 프랑스인의 사회참여와 책임 의식을 느낄 수 있었다.

프랑스어를 빨리 배우려면 프랑스인과 연애를 하라는 말이 있지만 실제로 처음 프랑스에 가서 프랑스인과 연애를 하는 것은 무모한 일일 수 있다. 연애가 원래 그렇지만 다른 문화권의 사람과 연애를 한다는 것은 더 큰 모험이다. 자칫 몸과 마음 모두 다칠 수 있다. 그래서 프랑스에서 꽤 오래 공부한 사람들은 보통 처음 잘 모를 때는 할머니를 사귀라고 조언한다. 그래서 이런 자원봉사자를 만났다는 것이 나에게는 정말 행운이었다.

프랑스의 아랍인

파리에는 많은 아랍인(arabe)이 살고 있다. 아랍 인구의 유입은 18세기 이후 영국과 식민지 개척 경쟁을 하며 아프리카 대륙을 양분해 가졌던 프랑스 제국주의 역사에서 그 근원을 찾을 수 있다. 프랑스는 그 당시 알제리와 같은 아프리카 국가를 식민지화했고 멀리 아시아에서는 베트남을 식민지로 소유했다. 이후 파리에는 뉴욕 못지않게 다양한 인종이 살게 되었고 북아프리카 상당수 국가가 이슬람교를 믿는 아랍권 국가이다 보니 이슬람교도가 많아졌다. 프랑스의 아랍인 1세대는 1950년대 제2차 세계 대전 이후 경제 호황기에 대거 유입되었다. 당시 프랑스에는 많은 노동력이 필요했지만 프랑스인은 임금이 비싼데다 흔히 말하는 3D업종을 기피했으므로 회사에서는 과거 식민지였던 곳에서 노동자를 싼값에 데려올 수밖에 없었다. 이민 1세대는 노동을 통해 프랑스 사회에 정착했다. 이민 3세대, 4세대에 이르자 이들 아랍인도 더는 노동자로 살고 싶지 않게 되었고 신분 상승을 꿈꾸게 되었다. 하지만 이들이 프랑스 주류 사회로 진입하는 것은 쉽지만은 않다. 가끔씩 파리 외곽 지역에서 발생하는 소요 사태는 이런 상황에서 발생하는 불만이 표출된 것이다. 테러 사건도 이런 상황과 무관하지 않다.

이미 몇 대째 프랑스에 뿌리내리고 있는 아랍인이 있는 반면 모국에 정착하지 못해 프랑스로 오는 사람도 있다. 정치적, 경제적 이유로 파리를 떠돌고 있는 것이다. 최근 IS 사태 이전에도 아랍권은 정치와 경제 상황이 불안정한 경우가 많아 사람들은 유럽으로, 그중에서도 비교적 자유롭고 개방적인 프랑스로 향했다. 그렇지만 아무리 수가 많다해도 이들은 어떤 의미에서는 아직도 이방인이다. 파리 시내 북동쪽 혹은 북쪽 외곽에서 빈곤하게 사는 경우가 많다. 젊은 아랍인의 취업도 쉽지 않다. 프랑스 경제도 폭발적인 성장의 시기는 지나갔기 때문에 일자리는 늘 부족하고 사회의 주류는 여전히 백인 프랑스인이기 때문이다. 그러나 이들은 낙천적으로 보인다. 외국인 모임에서 만난 어느 시리아인은 요리가 특기였다. 특별한 가지와 토마토 요리를 할 수 있다고 그는 말했다. 피자의 원조는 이탈리아가 아니고 아랍이라고 주장하기도 했다.

이제 아랍권 국가에서는 노동자 대신 유학생이 오고 있다. 파리의 거리를 누비고 다니는 활기찬 보행자와 여행객이 이용하는 저렴한 호텔의 야간 당직자, 맥도날드 아르바이트생이 그들이다. 점심이나 저녁 시간, 대학 식당을 가득 채우고 있는 사람들도 상당수가 아랍에서 온 유학생이다. 어쩐지 그들은 원래 파리가 자기 집인 양 편안해 보이는 일면이 있다. 워낙 수가 많아서일까. 언어 때문인지도 모른다. 과거 프랑스 식민지였던 나라에서 온 이들은 프랑스 문화에 익숙하고 언어 장벽도 다른 나라의 유학생에 비해 상대적으로 덜하다.

축구 국가대표는 아랍인 차지

'풋볼', 샌드위치와 마찬가지로 축구라는 프랑스어도 영어에서 유래했다. 축구라는 스포츠 자체가 영국에서 생겼기 때문인 것 같다. 따라서 발음도 영어와 같다.

월드컵에서 두 차례 우승한 프랑스 축구팀 선수 대부분이 이민 3세대 아랍계이다. 지네딘 지단이나 티에리 앙리를 비롯한 주전 선수들이 역시 아랍계인 음바페, 포그바, 벤제마, 캉테와 같은 선수들로 세대교체를 했다. 누아르(noir, 흑인), 블랑(blanc, 백인), 뵈르(beur, 북아프리카 아랍계)로 구성된 다인종팀이 우승을 하자 갑자기 프랑스에서는 축구 붐이 일기도 했다. 프랑스 사회에서 주변인에 불과했던 아랍인이 조금이나마 사회의 중심으로 들어서는 느낌이 들었고 이들 팀은 프랑스 인종 화합의 상징이 되었다.

1992년 겨울에는 프랑스 알베르빌에서 동계 올림픽이 있었다. 동계 스포츠에는 아랍계 대신 백인 선수가 많았다. 어쩌다 검은 피부의 선수가 섞여 있었는데 이것을 보던 자크리 부인이 저런 선수는 잘해야 프랑스인으로 인정받고 못하면 프랑스인으로 인정받지 못한다고 말했다. 자크리 부인의 남편 또한 아랍인이었다.

최근 프랑스에서는 아랍계 인구 비율이 점점 늘어나 언젠가 아랍 출신의 대통령이 나올 것이라는 말도 나오고 있다. 파리에서 태어나기는 했으나 헝가리 망명 가문 출신인 사르코지가 대통령이 된 적도 있으니 전혀 불가능한 일은 아닌 것 같다. 하지만 테러 사건 이후 반이슬람, 반난민 정서가 힘을 얻고 있는 프랑스 사회에서 축구대표팀을 '아프리카대표팀' 이라고 한다든지 유색 인종을 원숭이나 바나나에 비유하면서 비하하는 일은 여전히 존재한다.

아픈 기억을 가진 유태인

쥐프(juif), 유태인은 고대 이스라엘 왕국의 후손으로 구약 성서를 따르는 유태교를 믿는 사람을 가리키는 말이다. 고대 국가 바빌론에 정복당한 이후로 세계 각지로 흩어지게 되었다. 나치 치하에서 유태인 대학살이 일어난 것을 보면 알 수 있듯 유태인은 유럽에서 갖은 억압과 고통, 차별을 겪었다.

프랑스에서도 유태인은 아픈 기억을 가지고 있다. 1894년, 프랑스군 장교였던 드레퓌스에 대한 스파이 혐의 사건은 당시 프랑스인의 반유태인 정서를 보여주는 사례이다. 어느 날 독일에 기밀을 제공하는 문서 하나가 발견되었는데 거기에 서명된 이름의 이니셜이 'D'였다. 당시 프랑스에는 반독일, 반유태주의 정서가 팽배해서 사람들은 쉽게 독일계 유태인이었던 드레퓌스를 범인으로 지목했고 군법 회의에서는 그에게 종신형을 선고했다. 뒤이어 드레퓌스가 범인이 아니라는 증거가 나왔지만 실수를 인정하기 싫었던 보수주의자들은 국가 안보를 구실로 재판 내용을 공개하지 않고 진범에게 오히려 무죄 판결을 내린다. 마침내 당대의 대문호 에밀 졸라가 문학잡지 로로르(l'aurore, 새벽)에 <나는 고발한다(J'accuse)>라는 논설을 실었고 이는 프랑스 사회에 큰 반향을 가져왔다. 이후 드레퓌스파와 반드레퓌스파로 사회는 양분되었고 보수와 진보는 충돌했다. 결국 1906년이 되어서야 드레퓌스는 사면, 복권되었다. 드레퓌스 사건은 프랑스 사회뿐만 아니라 이슬람 세계에도 큰 변화를 촉발하게 된다. 사건이 종결된 후 프랑스에는 공화정이 뿌리내리고 사회주의 세력이 확산된다. 한편 나라 없이 떠돌며 수많은 고초를 겪은 유태인은 원래 자신의 땅으로 돌아가자는 시오니즘 운동을 펼친다. 시오니즘 운동이란 팔레스타인에 유대 민족 국가를 건설하는 것을 목표로 한 민족주의 운동이다. 시오니즘 운동을 통해 이스라엘이 건국되었고 이것은 그 땅에 뿌리내리고 있던, 주로 이슬람교도였던 아랍인과의 충돌의 시발점이 되었다.

샹젤리제 거리에서 홈스테이를 하기 전에 잠시 파리 외곽에 있는 서민 아파트에 머물렀다. 파리의 변두리인 그곳에는 생각보다 많은 유태인이 있었는데 작은 빵집을 운영하거나 늦은 시간까지 문을 여는 식료품 가게를 하고 있었다. 그들은 고립되어있는 것처럼 보였지만 일주일에 한두 번 정도는 시나고그(synagogue)에 모여 예배를 올리면서 그들끼리 교류를 갖고 있었다. 아파트 아래에서 생기 있고 명랑한 웃음소리가 울려 퍼져 내려다보면 예배를 마친 젊은이들이 모여 이야기를 나누며 웃고 있는 모습이 보이곤 했다. 아랍인보다는 조금 왜소해 보였지만 외모상으로는 그들과 크게 다르지 않았다. 유태인들은 머리에 접시같이 생긴 '키파'라고 불리는 모자를 쓰고 있었다.

아시아인

파리에도 아시아인(asiatique)이 살고 있다. 한국, 중국, 일본, 한때 프랑스의 식민지였던 베트남 사람으로서 유학이나 이민을 온 사람들인데 숫자로는 중국인이 가장 많다. 세계 어느 나라나 차이나타운이 없는 곳은 없다고 하는데 파리 13구에 중국인이 많이 살았다. 이들은 주로 식당이나 식료품 가게를 한다.

개인적으로 '아지아티크', 아시아인이란 표현을 좋아한다. 이 말을 좋아하게 된 데는 이유가 있는데 그건 난생 처음 베르사이유로 갈 때, RER 안에서 들은 감명 깊은 단어였기 때문이다. 그때만 해도 동양인을 보면 대부분의 프랑스인이 일본인이냐고 물을 때였다. 아니라고 하면 그다음으로는 중국인이냐고들 했다. 또 아니라고 하면 베트남인이나 태국인이냐고 물었다. 만큼 한국은 알려지지 않았고 동양 하면 일본과 동일시되던 때였다. 베트남은 과거 프랑스의 식민지였고 태국은 프랑스인이 사랑하는 여행지로 알려져 있었다. 그런데 베르사이유로 가는 RER 안에서 십 대로 보이는 두 남학생이 우리 일행을 보고 아시아인이라고 표현했

다. 일본인도 아니고 중국인도 아니고 베트남이나 태국인도 아닌 아시아
인. 기성세대의 어떤 선입견도 개입되어 있지 않은 신선하고 정확한 표
현이었다.

1980년대와 90년대 유학생 중에는 스스로를 일본인이라고 말하고 다
니는 사람이 있었다. 우리가 동남아에서 온 사람의 국적을 잘 모르고 무
시하는 경향이 있듯이 그 당시 프랑스인도 그랬는데, 그런 그들도 일본
인만큼은 무시하지 못했다. 오히려 경이롭게 바라보기까지 할 정도였는
데 그건 19세기 이후로 일본에 대한 동경과 환상이 사회적으로 자리 잡
았고 당시 일본 경제가 최고조에 이른 상태였던 데다 소니가 세계 최고
의 브랜드로 이름을 떨치고 있었기 때문이었다. 따라서 일본인이라면 콧
대 높은 파리지앵 사이에서도 주눅 들지 않을 수 있었다. 그래서 일본인
이냐는 질문에 위!(Oui), '그렇다'고 대답하는 사람이 종종 있었던 것이 사
실이다. 지하철 플랫폼에서 술에 취한 채 큰 목소리의 일본어로 내게 말
을 걸어오는 일본인 관광객이 있었을 정도로 그 당시 일본인의 위세는
대단했다. 샹젤리제 거리에서 명품 쇼핑백을 여러 개씩 들고 다니는 사
람들도 대부분 일본인이었다.

한 나라의 위상은 그 나라 경제와 무관하지 않은 것 같다. 프랑스 사람
들이 벨에포크라 부르는 시절은 전쟁이 없었음은 물론, 경제발전이 최고
조에 이른 때였다. 이때 문화도 앞서갔다. 지금 우리나라도 그렇다. K드
라마, K팝, K푸드가 세계적인 열풍이다. 이제는 세계 어느 나라에 가도
한국인임을 단박에 알아본다. 한국어도 들을 수 있다. 얼마 전 생긴 지 얼
마 되지 않은 한국 페탕크 대표팀이 스페인에서 열린 국제대회에 출전했

을 때, 실력과 상관없이 인기가 최고였다고 한다. 여러 나라 사람들이 와서 함께 사진을 찍자고 요청을 해서 수줍은 프랑스 소녀들과 찍은 사진도 볼 수 있었다.

미국인, 안느

자크리씨네 집에는 소르본 대학에서 어학 코스를 밟고 있는 안느라는 이름의 미국인(américaine)이 있었다. 미국에서는 그녀를 앤이라고 부를 것 같은데 그때에는 누구나 프랑스식으로 안느라고 불렀다. 그녀 자신조차도 그렇게 불렀다. 그녀는 그토록 오고 싶어 했던 파리에서 행복한 나날을 보내고 있었지만 그녀를 보는 자크리 가족의 시선은 곱지 않았다. 이유는 정확하지 않았지만 추측하건데 그녀가 미국인이었기 때문인 것 같다.

어느 날, 자크리 부인이 그녀에 대한 험담을 늘어놓았다. "자기가 언제부터 미국인이라고. 미국으로 이민 간 지 일이 년밖에 안됐는데 말끝마다 미국에서는, 미국에서는 그래."

이제 막 스무 살이 된 안느는 원래 폴란드 출신인데 부모가 미국으로 이민을 해서 캘리포니아에 있는 대학에 다니고 있었다.

안느가 파리에 올 수 있었던 이유는 매우 황당했다. 자기는 언제나 파리에 오고 싶어 했는데 마침 가벼운 교통사고가 나서 그 보상금으로 오게 되었다는 것이다. 미국에 있는 남자 친구가 자기가 없는 사이에 변심하지 않을까 걱정하면서도 그녀는 늘 파리에서의 로맨스를 꿈꾸었다. 그리고 어느 날 새벽, 마침내 멋진 파리지앵의 페라리를 타고 귀가해서 다시 한번 자크리 가족의 입방아에 오르내리기도 했다. 한 번은 폴란드에서 안느의 할머니가 온 모양이었다. 자크리 부인이 그녀가 가져온 폴란드 과자에 대해서 말했다.

"할머니가 가져왔다면서 이것저것 보여주고는 다시 싸서 전부 자기 방으로 가지고 가버렸어. 내가 꼭 먹고 싶어서 하는 얘기는 아니야."

그녀는 과자 맛을 궁금해 하는 것 같았다. 외국인과 외국 문화에 관심이 많아서 파리 시청에 홈스테이 가정으로 등록한 그녀이기 때문에 당연히 그랬을 것이다. 다음 날 아침, 가족이 아직 자고 있을 때 주방에서 커피를 준비하고 있던 내게 안느가 다가왔다. 안느는 가족들에게는 한쪽도 주지 않았다는 과자가 담긴 보자기를 들고 있었다. 어제 폴란드에서 온 할머니를 시내에서 만났는데 할머니가 자기에게 주려고 직접 만든 과자를 잔뜩 가져왔다고 했다. '너니까 하나 줄게' 하면서 안느는 보자기를 풀었다. 모양새가 우리나라 만두처럼 생겼는데 굉장히 달달한 과자였다. '더 먹어도 돼'라고 말하며 선심을 쓰는데 나는 자크리 부인이 떠올라 그만두고 말았다. 안느는 다시 보자기를 묶고는 방으로 가져갔다. 이런 식의 행동도 아마 자크리 가족이 안느를 탐탁지 않게 여긴 이유 중 하나였을 것이다. 하지만 영어를 배운지도 얼마 안 된 그녀가 이제 막 배운 프랑스어도 꽤 유창하게 한다는 것은 정말 대단한 일이었다. 결국에는 그녀를 싫어했던 자크리 부인도 '동유럽에서 쇼팽과 같은 훌륭한 음악가가 많이 나왔는데 아마 그쪽 사람들이 소리에 굉장히 민감해서 언어도 빨리 배우는 것 같다'라는 의견을 내놓기에 이르렀다.

안느는 내가 파리를 떠나 한국으로 돌아가던 날에 샤를 드골 공항까지 배웅해 주었다. 그리고 비싸게 나온 택시비의 절반을 지불하고 팁까지 자신이 냈다. '우리 언젠가 미국에서 아니면 한국에서 다시 만나자'고 서로 약속했지만 그 약속은 지켜지지 않았다.

일본인, 나카야 토시

프랑스의 인상주의가 일본 우키요에의 영향을 받았던 19세기 이후로 현재까지 프랑스와 일본의 관계는 매우 우호적이며 프랑스에 일본 문화도 비교적 잘 알려져 있다. 에펠탑이 바로 보이는 트로카데로 광장에 팔레 드 도쿄가 있고 비르하켐(Bir-hakeim) 역에서 에펠탑으로 걸어가는 길에는 일본 문화원이 있다. 프랑스에서의 일본의 위상은 파리 중심부, 사람들의 왕래가 많은 곳에 위치한 이 두 센터가 말해 주는 것 같다.

지금도 많겠지만 90년대에도 파리에는 일본인(japonais)이 많았다. 샹젤리제 거리에서 쇼핑백을 들고 다니는 관광객 외에도 유학, 어학연수, 직장 등으로 파리에 와 있는 일본인이 있었다. 처음 갔던 학교, 알리앙스(Alliance)에서 담임과 불화를 겪은 나는 그곳을 떠나 샤틀레에 있는 새로운 학교, 아코르(Accord)에 들어갔다. 나카야 토시는 거기에서 만난 일본인 친구였다.

새로운 학교에 가게 되었으므로 당연히 니보 테스트(niveau teste, 수준 테스트)를 받게 되었다. 좋은 점수가 나와 최상급 D반에 배치되었는데 알리앙스에서 그랬던 것처럼 D반 의자에 앉자마자 금방 누군가가 와서 C반으로 안내했다. 이들 역시 처음 들어오는 내가 D반이 된 것이 뭔가 믿어지지 않는 모양이었다. 오히려 아래 반으로 내려간 것이 다행이라는 생각이 들었다. D반에는 이미 한국 사람이 둘이나 있었을 뿐만 아니라 경직된 분위기 때문에 긴장감마저 감돈 반면에 C반은 다양한 국적의 구성원에 분위기는 자유로움 그 자체였기 때문이었다. 나카야 토시는 C반에서 만난 일본인이었다. 토시의 특이한 점은 회화반에서 거의 말을 하지 않았다는 것이었다. 그래도 회화반에 들어온 것을 보면 니보 테스트에서 좋은 점수를 받았거나 아니라면 기초반부터 차근차근 올라와 프랑스어를 꽤 할 수 있다는 것인데 왜 한마디도 안하는지 알 수 없었다. 결국 말을 안 하는 것은 그의 내성적인 성격 탓이라는 것을 알게 되었다. 그는 늘 이어폰을 끼고 있다가 수업을 시작할 때에서야 뺐고 수업이 끝나기 무섭게 다시 이어폰을 끼고는 교실을 빠져나갔다. 같은 반 친구들과도 인사를 나누지 않았다. 학교에는 일본인이 꽤 있었고 이들은 쉬는 시간이 되면 자기네끼리 모여 이야기를 나누곤 했는데 토시는 이들 틈에도 끼지 않았다.

그림을 공부하던 토시는 어느 날, 자기가 그린 그림을 가지고 와서 보여주었다. 쉽게 얼굴이 빨개지는 그의 성격과 달리 파격적인 그림이었다. 모든 인물의 다리가 거울을 아래에서 놓고 비추는 것처럼 실제보다 훨씬 크고 뚱뚱하게 그려져 있었다. 평소에 그와 대화하지 못했던 친구들이 그림을 핑계 삼아 그에게 말을 걸었다.

종강이 다가오고 한국으로 귀국하는 날도 얼마 남지 않은 때였다. 평소에 눈도 잘 마주치지 않던 토시가 퐁피두 센터로 그림을 보러 가자고 제안했다. 그런데 공교롭게도 그날은 알고 지내던 목사님이 소개팅을 주선해 주셨던 날이었다. 나는 그의 제안을 거절할 수밖에 없었다. 토시의 얼굴이 토마토보다 더 빨개졌다. 미안했지만 사정을 잘 설명하고 그를 덜 무안하게 해줄 프랑스어가 생각나지 않았다. 기억 속에 남아 있는 일본인은 대체적으로 이렇게 내성적이고 차분한 편이었다.

02
거주지

　프랑스인은 어떤 집에 살고 있을까. 또 내부는 어떻게 꾸며놓고 있을까. 항상 궁금했는데 아파트의 개념과 주택의 내부 구조는 많이 다르지만 프랑스인의 거주지도 큰 틀에서 본다면 우리나라와 비슷하다. 개인 주택과 아파트는 물론 원룸형의 스튜디오가 있다.

아파르트망과 H.L.M

　아파르트망(*appartement*)은 번역하면 '대규모 집합 거주지 아파트'라는 뜻인데 개념은 우리와 좀 다르다. 파리 시내에 있는 건물은 대부분 19세기에 만들어진 5, 6층 정도의 석조 건물이다. 현관을 들어서면 가운데 나선형의 계단이 있고 다음 2층은 창문이 크고 높은 '귀족의 층(*étage noble*, 에타주 노블)'이며 꼭대기는 다락방, 옛날 하녀들이 쓰던 곳으로 과거에는 화장실도 제대로 없었다. 이 건물들의 내부에서 자크리씨네 집처럼 한 세대가 거주하는 단위를 아파트라고 한다. 엘리베이터는 없는 경우가

아파르트망(appartement)은 번역하면 '대규모 집합 거주지 아파트'라는 뜻인데
개념은 우리와 좀 다르다. 파리 시내에 있는 건물은 대부분 19세기에 만들어진
5, 6층 정도의 석조 건물이다.

많고 있다고 해도 오래되고 두 사람 정도가 간신히 탈 수 있을 만큼 작아서 모르는 사람과 거의 몸이 닿을 듯 좁은 공간에서 부담스럽게 서 있어야 한다. 그러니까 아파트라고 해서 현대식 아파트를 생각해서는 안 된다. 내용은 다르지만 우리나라 아파트와 같은 형태의 높은 건물은 파리시 북쪽 외곽에 많다. 가난한 사람을 위한 대규모 거주지로써 'H.L.M'이라고 하는데 이 단어는 아비타시옹 아 루아이에 모데레(*Habitation à Loyer Modéré*, 저렴한 월세의 거주지)의 약어이다. 임대료가 싼 만큼 방음이 제대로 안 되는 경우가 많아 한밤중에는 화장실 변기 물도 내릴 수 없는 경우도 있다. H.L.M에 거주하시는 한국인 목사님 댁에 한 달가량 머문 적이 있었다. 목사님 댁에는 아이가 셋이나 있어서 하루걸러 한 번 정도 아래층 사람이 올라와서 애들 뛰는 소리가 시끄럽다고 항의를 하곤 했다. 아래층 집에는 갓난아이가 있는 모양인지 가끔 조용할 때면 반대로 그 집에서 아기 울음소리가 들려오기도 했다. 외곽에서는 파리로 나가는 시간도 꽤 걸려서 이런 다툼이 있을 때마다 파리 시내에 살고 싶어졌다.

한편, 우리나라의 원룸에 해당하는 '스튜디오'라는 것이 있는데 여기에는 방 하나에 부엌까지 모든 설비가 갖추어져 있다. 프랑스인이지만 지방에서 온 제롬이 앙토니에 있는 스튜디오에 살고 있었다. 경제적으로 여유가 없는데 기숙사에 들어가지 못한 유학생의 경우 파리 시내 아파트의 맨 꼭대기, 다락방에 살거나 다른 사람의 아파트에 방 하나를 얻어 살았다. 사는 비용은 비슷한 것 같았는데 다락방에 살다 보면 도난 사고가 잦다고 했다. 같은 층의 아랍인이 자물쇠를 부수고 들어와서 현금이나 돈이 될 만한 것을 가져간다는 것이다. 또 다락방에는 샤워 시설이 없어서 수영장 같은 곳으로 샤워를 하러 다니거나 아는 사람의 집에 신세를 져야한다. 그러니까 할머니 혼자 사는 아파트에 방 하나를 얻는 것이 경제적으로도 좋고 생활하기도 편하며 안전하다. 월세는 천차만별인데 주인이 정말 무심한지 한 10년 정도 월세를 올리지 않고 있는 운 좋은 경우도 있었다.

도시의 변두리, 방리외

프랑스어로 방리외(banlieue)는 '교외, 시외, 외곽'이라는 뜻으로 파리 주변을 의미하지만 이 단어에 복수 어미 's'가 붙으면 사회적 문제를 안고 있는 대도시의 주변이라는 의미가 된다. 그러니까 이 방리외라는 단어는 물리적인 주변이라는 의미 이외에도 사회적, 심리적인 주변이라는 의미를 포함하고 있는 매우 사회학적인 단어인 셈이다. 이 지역, H.L.M과 같은 거주지에 주로 아랍이나 아프리카계 이민자가 살고 있다.

RER를 타고 북쪽으로 파리 시내를 빠져나가다 보면 철로 주변으로 낙서가 눈에 띄게 늘어나고 오밀조밀 작은 집들이 보이기 시작한다. 기차는 생드니를 지나 목사님의 집이 있는 사르셀에 이른다. 원래 프랑스가 인구 밀도가 높은 나라는 아니지만 거리에는 사람이 별로 없고 간혹 머리에 수건을 두르고 무늬가 잔뜩 들어간 아프리카풍 옷을 입은 여자들이 오간다. 피부색이 짙은 남자들도 있다. 공중전화를 사용하다 보면 뒤에 서 있던 흑인이 아무렇지도 않은 얼굴로 전화 카드를 빌려 달라고 하기도 했다. 어떤 날은 통화를 길게 하지 말라며 이제 막 공중전화 부스에 도착한 아주머니가 내게 싸움을 걸어오기도 했다. 하지만 아랍 사람이야말로 전화 통화를 오래하기로 유명해서 정작 본인은 내가 마트에 들어가서 장을 보고 나오는 동안에도 계속 통화 중이었다.

　어느 지역이라도 젊은이들은 활기를 띠고 있기 마련이라서 일주일에 한두 번 예배가 있는 날이면 유태인의 교회, 시나고그 주변에 웃음소리가 울려 퍼졌다. 십 대와 이십 대 젊은이들의 말소리와 화사한 웃음소리는 방리외가 사람 사는 곳이라는 증거처럼 느껴졌다.

　같은 교외라도 남쪽과 서쪽은 좀 다르다. 남쪽에는 중산층 이상의 사람이 살고 있다. 남쪽의 주택은 크고 좋다. 마담 파르망티에가 살고 있었던 뇌이이같은 서쪽 지역은 외곽이지만 방리외라고 부르지는 않는다. 메트로 1호선이 연결되는 그냥 파리의 부촌이다. 그들의 표현을 따르자면 클라스 에제(classe aisée), 편안한 계층의 사람이 사는 곳이다. 그들의 주택은 넓고 테라스가 있으며 약간 높은 곳에 있기 때문에 멀리 파리 시내가 조망된다. 그러니까 프랑스에서 방리외란 주로 북쪽, 아랍계와 흑인이 많이 사는 외곽 지역이라는 의미가 되는 셈인데 방리외란 단어는 사회적 문제를 안고 있는 대도시의 주변이라는 사전적 정의처럼 어둡고 침울한 느낌을 준다.

층을 세는 프랑스인의 방식

　프랑스어로 첫 번째 층, 일 층은 프르미에 에타주(premier étage)라고 하는데 이것은 우리나라로 치면 이 층에 해당한다. 프랑스 건물의 일 층은

레 드 쇼세(*rez-de-chaussée*)인데 우리나라말로 '바닥층' 혹은 '아래층'이라고 번역을 해야 맞는 것 같다. 층(*étage*)이라는 것이 벌써 무엇인가 한 겹이 쌓였다는 의미이므로 맨 아래층을 '1층'이라고 부르는 것은 어찌 보면 모순이다. 그래서 이 표현은 프랑스식 표현이 맞는 것 같다. 엘리베이터를 타면 숫자가 영부터 시작한다. 영은 맨 아래층이다. 프랑스에서 갓 태어난 아기는 일 년이 지나야 한 살이 되는데 우리나라에서는 태어나자마자 한 살이 되는 것과 마찬가지로 층을 세는 것도 어떤 관념과 연관된 것인지도 모른다. 그렇다면 어떤 것이 맞고 틀리고의 문제는 없어지게 되는데 한국에서의 습관 탓에 엘리베이터를 타면 자주 층이 헷갈렸다.

숙면을 취하기 위한 덧문, 볼레

프랑스 주택에서 특이한 점은 창문마다 볼레(*volet*), 덧문이 달려 있다는 사실이다. 덧문은 빛을 막기 위한 장치로 창문 바깥에 설치되어 있는데 숙면을 위해서 최소한의 빛조차도 차단하려는 의도에서 만들어진 것이다. 전통적인 주택에서는 나무 소재에 양쪽으로 밀어서 열게 되어 있는 것이 보통이었지만 현대식 아파트나 주택에는 블라인드 방식으로 올라가게 되어 있는 것도 많다. 하지만 집이란 건축사나 주인의 취향을 반영하기 마련이라 간혹 현대식 아파트나 주택에 나무 덧문이 달려있는 경우도 있다. 어쨌거나 덧문이 아직 닫혀 있으면 그 안의 사람들은 아직 잠을 자고 있다는 신호가 되기도 한다. 창문의 덧문이 열려 있어야 그 집의 아침이 시작되었다고 볼 수 있다.

03
메트로와 함께 하는
파리지앵의 하루

메트로, 불로, 도도

파리는 동서로 11.5킬로미터, 남북으로 9.5킬로미터의 타원형으로 생긴 작은 도시이다. 서울처럼 필요에 의해 주변 지역을 파고들어 가며 확장되는 일은 거의 없다. 별로 길지 않은 지하철 1구간과 2구간을 벗어나면 파리 외곽이고 RER의 3구간 혹은 4구간이 된다. 파리 시내로 출퇴근하는 많은 이들이 여기에 살고 있다. 서울 시내에 직장을 가진 사람보다는 시간이 덜 걸리지만 이들도 시내에 출근하려면 적어도 40분 이상은 소비해야 한다. 그래서 생긴 말이 '메트로, 불로, 도도'이다. 바쁜 직장인의 하루일과를 축약한 말인데 지하철(*métro*)을 타고 출근해서 일(*boulot*)을 하고 다시 지하철로 집으로 돌아와 잠(*dodo*)을 자는 것이 하루이고 그런 하루하루가 모이면 인생이 되니 결국 '메트로, 불로, 도도'의 쳇바퀴 속에 삶이 굴러간다는 뜻이기도 하다.

파리에는 수많은 박물관과 미술관이 있고 오페라 가르니에가 있지만 현대의 프랑스인은 문화를 즐기기에 너무 바쁘다. 서울에 사는 사람이 N 서울타워나 63빌딩에 가 본 적 없는 경우가 많고 한강 유람선을 타 본 적이 없는 경우가 많은 것처럼 여기 사는 사람들도 루브르 박물관이나 오르세 미술관에 가 본 적이 없는 경우가 많다. 시간이 꽤 걸리는 RER에 탄 직장인은 사람들 속에서 잡지의 한 페이지를 펼치고 퍼즐을 풀기도 한다.

메트로와 RER

파리 메트로는 1900년에 1호선이 개통되었다. 무척이나 오래된 지하철이니만큼 당연히 역도 낡고 오래되었으며 지저분하다. 청소 인력도 많지 않은데 노숙인이 숙소로 이용하기도 하니 불쾌한 냄새가 진동한다. 하지만 그다지 크지 않은 파리에 현재 14호선까지 있어서 웬만한 곳은 다 지하철로 연결되어 파리 시내 이동에 메트로만 한 것이 없다. 오래되긴 했지만 환승 통로가 나름 유기적으로 연결이 잘 되어 있어서 노선의 종착역만 알고 있으면 갈아타기 쉽다. 우리나라 지하철의 경우에는 갈아탈 때 1호선이면 시청, 2호선이면 동대문 역사 문화 공원이나 잠실, 이런 식으로 그 노선의 주요 역이 표시되어 있지만 파리의 경우는 종착역 이름이 표시되어 있어서 지하철 노선도만 가지고 있다면 도시를 잘 모르는 사람도 헷갈릴 일이 없다.

파리 지하철에서 약간 놀랄 일은 전동차가 새로 들어온 몇몇 노선을 빼면 문이 자동으로 열리거나 닫히지 않고 승객이 직접 손잡이를 돌리거나 버튼을 눌러야 한다는 것이다. 파리지앵들도 어지간히 성질이 급한지 열차가 미처 서기도 전에 손잡이에 손을 대고 있거나 손잡이를 돌리는 것을 볼 수 있다. 열차가 서는 것과 동시에 혹은 서기도 전에 문이 열리곤 한다. 나갈 때는 따로 표 확인이 없는 경우가 많다. 승차할 때 한 번 검표 한 것으로 충분한지 나갈 때는 발판을 밟으면 문이 저절로 열린다.

지하철 두 선로의 운행 방향은 우리나라 1호선과 같으며 바퀴는 뜻밖에도 고무로 되어 있다. 지하철이 들어올 때 보면 거대한 고무바퀴가 약간 눌리면서 곡선 선로를 따라 바쁘게 들어오는 것이 보인다. 소음을 줄이기 위해 고무바퀴를 쓴 것이라고 한다. 오래된 전동차에는 당연히 다음 정차 역을 표시하는 전광판 같은 것이 없는데 안내 방송마저 간단하다. 다음 역이 샤틀레 역이면 '샤틀레, 샤틀레' 하고 딱 두 번 정도 가볍게, 그것도 정차 바로 직전에 얘기해 준다. '너희 다 알고 있지?' 이런 느낌이 드는 안내 방송이므로 열차가 플랫폼에 설 때마다 열심히 벽에 쓰여 있는 역 이름을 읽는 수밖에 없다. 의자는 우리나라와 같이 롱 시트 형식이 아니고 두 사람씩 마주 보는 크로스 시트 형식인데 문 바로 옆에 있는 의자는 접을 수 있게 되어 있어서 혼잡한 시간에는 이걸 접고 서 있어야 하는 것이 지하철의 불문율이다. 혼잡한데도 미련하게 앉아 있다가는 지나다니는 사람들 때문에 본인이 불편할 뿐만 아니라 따끔한 눈총 세례도 받게 된다. 하지만 파리 메트로에도 새 전동차가 계속 들어오고 있는 중이니 이런 모습도 조만간 사라질지 모르겠다.

지하철역 이름은 샤를 드골이라든지 마리 퀴리 등 국내외 유명 인사의 이름을 딴 것이 많고 시청역이나 북역처럼 근처 주요 건물의 이름을 딴

서울 시내에 직장을 가진 사람보다는 시간이 덜 걸리지만
이들도 시내에 출근하려면 적어도 40분 이상은 소비해야 한다.
그래서 생긴 말이 '메트로, 불로, 도도'이다. 바쁜 직장인의 하루일과를 축약한
말인데 지하철(métro)을 타고 출근해서 일(boulot)을 하고 다시 지하철로
집으로 돌아와 잠(dodo)을 자는 것이 하루이고 그런 하루하루가 모이면
인생이 되니 결국 '메트로, 불로, 도도'의 쳇바퀴 속에 삶이 굴러간다는 뜻이기도 하다.

것도 있는데 로마나 스탈린그라드처럼 뜬금없이 외국 도시의 이름을 가져온 것도 있다. 왜인지는 모르겠다. 역 이름은 프랑스어를 잘 모르면 읽기 어려운 경우가 많다.

한편, 파리에 처음 도착하게 되면 길에 자주 보이는 '에르 으 레르', RER라는 표지에 당황하게 된다. 빨간색 표지판의 메트로, 지하철은 척 봐도 금방 알겠는데 예상치 못한 RER는 무엇이란 말인가. RER는 파리 시내를 기본 주행 구간으로 하는 메트로와 달리 파리 교외까지 운행하는 전철을 말하는데 현재 A선에서 E선까지 있으며 파리에 직장이 있으면서 교외에 거주하는 직장인에게는 없어서는 안 될 소중한 교통수단이다. 출근 시간이나 퇴근 시간에 플랫폼에 서 있으면 안내판에 곧 역에 들어올 RER가 앞으로 정차할 역에 불이 들어와 있는 걸 볼 수 있다. 주요 역에만 서고 대부분의 역을 무정차로 지나가는 RER를 타면 파리 시내로 가거나 반대로 교외까지 나가는 시간을 많이 줄일 수 있다. 베르사이유 궁전이나 샤를 드골 공항도 RER를 타면 갈 수 있다. 또한 RER의 2층에 타면 왠지 더 재미있다. 출발 전에 나는 '징~' 하는 버저 소리 같은 것도 재미있다.

자전거 공유 시스템, 벨리브

자전거는 프랑스어로 벨로(*vélo*)인데 '자유로운'이라는 의미의 리브르 (*libre*)를 합쳐 만든 단어가 벨리브(*Vélib'*)이다. 벨리브는 파리의 만성적인 교통 체증 문제 해결은 물론 환경을 생각하여 탄소배출을 줄이기 위해 고안된 시스템으로 파리 시내 곳곳에 정류장이 설치되어 있어 누구나 쉽게 사용할 수 있다. 파리시가 2007년에 시작하여 성공적으로 시민 생활에 안착된 시스템으로 서울시의 '따릉이'가 이 사업을 모델로 하고 있기도 하다.

벨리브는 파리의 만성적인 교통 체증 문제 해결은 물론 환경을 생각하여
탄소배출을 줄이기 위해 고안된 시스템

파리와 일드프랑스 전체에 1,400여 개의 정류장이 있고 2만여 대의 자전거가 준비되어 있는데 이 가운데 40퍼센트 정도가 전기 자전거이다. 관광객도 사용할 수 있어서 파리를 천천히 둘러보고 싶다면 이용해 보는 것도 좋을 것 같다.

초기에는 갑자기 생겨난 자전거 통행으로 사고도 많았다고 하는데 지금은 안전수칙도 강화되고 사람들의 인식도 높아져 이런 문제는 많이 해결된 것 같다. 벨리브 사업이 성공하자 파리시는 현재 전기차를 이용한 자동차 공유 시스템, 오토리브(*Autolib'*)도 시행하고 있다.

걷기, 프로므나드

파리는 메트로가 촘촘히 연결되어 있어 어디라도 쉽게 갈 수 있지만 메트로만 타다보면 어두운 땅 밑과 지하철의 역 이름만 무수히 보게 될 뿐, 땅 위에서 밝게 살아 움직이는 파리를 볼 수 없다. 파리는 걷기에 좋은 도시이다. 도시가 서울만큼 크지 않은데다 광장을 중심으로 거리가 방사형 모양으로 뻗어나가고 그 길은 다른 광장과 만나 이어지는데 거리는 저마다의 아기자기함과 얘깃거리를 가지고 있어서 다리에 힘만 충분하다면 한없이 걸어 다닐 수 있다. 세계에서 가장 걷기 좋은 도시가 파리라고 하는 사람이 있을 정도로 도시 설계가 훌륭한데, 돌로 된 오래된 건물들이 높지 않아서 걷는 사람에게 위압감을 주지 않고 모퉁이를 돌 때마다 명소가 차례로 나타나 쉴 틈을 주지 않는다. 어느 날은 거리의 나무에, 어느 날은 카페에 또 어느 날은 아기자기한 가게에 눈길이 간다. 파리

세계에서 가장 걷기 좋은 도시가 파리라고 하는 사람이 있을 정도로
도시 설계가 훌륭한데, 돌로 된 오래된 건물들이 높지 않아서 걷는 사람에게
위압감을 주지 않고 모퉁이를 돌 때마다 명소가 차례로 나타나 쉴 틈을 주지 않는다.

는 걷다 보면 자꾸만 새로운 걸 발견하게 만드는 도시이다. 파리에서 7년을 유학하고 귀국한 뒤, 국내에서 활동을 하다 다시 파리로 건너가 10년 넘게 거주하고 있는 사회학자 정수복은 자신의 저서《파리를 생각한다》의 부제를 '도시 걷기의 인문학'이라고 달았다. 그리고 걷기를 파리 생활에서의 최고의 미덕으로 꼽았다. 그의 파리 생활이 글쓰기, 걷기, 책 읽기로 이어지는 것은 걷기가 그만큼 즐겁고 의미 있고 작품 활동에 영감을 주기 때문일 것이다. 그의 파리에 관한 책을 읽다보면 '이 사람도 이렇게 생각하고 있었구나' 하고 공감할 때가 많다. 그의 말대로 파리에서의 걷기는 '산책'과 같이 한자어에서 유래한 단어보다는 '걷기'와 같이 단순한 단어가 더 어울린다. 걷기는 프랑스어로 마르슈(marche)이지만 이 단어는 군인들의 행군과도 같은 느낌을 주기 때문에 마르슈보다는 프로므나드(promenade)라고 하는 것이 좋을 것 같다. 발라드(balade)나 플라느리(flânerie)같은 단어도 있지만 이 단어들은 조선 시대 한량처럼 흐느적거리며 걷는 것 같은, 지나치게 여유가 느껴지는 단어라서 파리에서의 걷기는 한국어로는 그냥 '걷기'라고 하고 프랑스어로 '프로므나드'라고 하는 것이 가장 좋을 것 같다.❶

---

❶ 「파리를 생각한다」, 정수복, 문학과 지성사. 2009.

04
바캉스

프랑스의 길고 긴 바캉스

프랑스어의 바캉스(*vacances*)는 '휴가'라는 뜻을 가지고 있으며 보통 복수형으로 사용한다. 원래 '부재, 공백'란 뜻을 가진 단어인데 바캉스 기간에 파리를 비롯한 프랑스의 많은 도시가 텅 비는 것을 보면 그 의미가 딱 들어맞는다.

프랑스인은 바캉스를 위해 일 년을 일한다고들 한다. 프랑스인은 7월과 8월, 두 달이나 되는 긴 바캉스 기간 동안 바닷가나 산, 시골 혹은 외국으로 떠나 일상을 잊고 지낸다. 그래서 휴가지가 붐비는 것은 우리나라와 마찬가지인데 이 시즌에는 유럽의 다른 도시에서도 프랑스인을 꽤 마주치게 된다. 로마나 베네치아에서도 프랑스어가 들려 반가운 마음이 들기도 한다.

프랑스인은 일상을 보내며 일 년의 대부분을 지내는 첫 번째 집 이외에도 여름 한 철을 위해 시골이나 산속에 지어 놓은 두 번째 집을 가지고 있다. 부자가 아닌 보통 사람도 이런 바캉스를 위한 집을 가지고 있는 경우가 많기 때문에 두 번째 집이 꼭 부의 상징은 아니다. 별장이라고 표현할 수도 있을 것이다. 대도시가 아닌 중소 도시, 혹은 시골에 살아도 바캉스를 위한 별도의 집을 마련해 놓는다. 그래서 바캉스 때가 되면 집을 떠나 그다지 멀지 않은 곳에 있는 두 번째 집에 머물면서 일상에서 벗어난다. 그렇다고 모두가 두 번째 집을 갖고 있는 것은 아니어서 두 번째 집을 갖는 것은 우리의 내 집 마련처럼 프랑스인의 평생 소망이기도 하다. 바캉스 때에 쓰려고 일 년 동안 돈을 모은다는 말도 있는데 보르도 근처에 살았던 어떤 마담은 바캉스엔 노동을 하지 않는 것이 원칙이라서 요리와 청소도 최소한으로 하고 심지어는 머리도 미용실에 가서 감는다고 했다. 짧은 커트 머리였는데도 말이다. '나는 바캉스 때에는 아무것도 하지 않아.' 이게 그녀의 소신이었다.

05
노엘과 새해

노엘

노엘(Noël)은 '크리스마스'를 뜻하는 프랑스어이다. 어렸을 때 뜻도 모르면서 '노엘, 노엘, 노엘, 노엘, 이스라엘 왕이 나셨네'라는 가사의 캐럴을 불렀던 기억이 난다. 프랑스어를 배우고 나서 노엘이 크리스마스라는 사실을 알게 되었다. 그러니까 노래 가사는 '크리스마스에 이스라엘 왕이 태어났다'라는 의미인 것이다. 라틴어로 '탄생', 히브리어로는 '낳다'가 '노엘'의 어원이다.

미국이나 유럽의 다른 나라와 마찬가지로 프랑스에서도 노엘은 큰 의미를 갖는다. 일 년 중 가장 큰 명절이자 축제라고 할 수 있다. 이브에는 미식의 나라답게 정찬을 준비하고 가족끼리 모여 길고 긴 저녁 식사를 한다. 원래도 긴 저녁 식사가 이날은 특별히 더 길어져서 새벽까지 때로는 노엘 당일 아침까지 이어지기도 한다. 우리의 설이나 추석처럼 멀리 사는 가족까지 모두 모이는 날이기도 하니 길고 긴 식사가 오히려 당연할 수도 있다. 가족끼리 모여 닭 요리를 먹거나 평소에 잘 먹지 못하는 굴, 푸아그라를 먹기도 하는데 이날은 특별히 '아페리티프'라고 하는 식전에 마시는 술부터 '오르되브르', '앙트레', 메인 요리, 후식, 카페의 풀코스가 준비된다. 물론 식사의 각 코스는 맛이나 영양 면에서 서로 조화를 이루어야 한다.

내가 파리에서 보낸 노엘은 무척 소박했다. 친구가 베이비시터를 하고 있던 어느 프랑스 가정에서 함께 식사를 하게 되었다. 노엘 당일에 겨울 방학을 맞아 친구와 내가 유럽 배낭여행을 시작하는 날이어서 친구 집에서 같이 자고 새벽에 출발하기로 했기 때문이었다. 마침 그 집의 가족들은 아저씨를 빼고 모두 여행을 떠나고 없었다. 아저씨는 초등학교 교장 선생님이었는데 노엘 전날인 이브까지 학교를 관리해야 했기 때문에 가족들과 함께 떠나지 못했다고 했다. 아내는 같은 학교의 선생님이었는데 맡은 일이 없어 아이들을 데리고 일찌감치 여행을 떠났다.

내가 도착하자 아저씨는 나름대로 부담을 느꼈는지 저녁 식사를 만들기 시작했다. 가족들이 없었기 때문에 미리 사놓은 것도 없어서 싱크대 선반을 뒤지며 이것저것 꺼냈다. 아저씨가 준비한 요리는 통조림에 든 쿠스쿠스였다. 노엘과 쿠스쿠스는 별로 어울리는 조합은 아니었지만 둘의 이색적인 조합이 노엘 만찬에 재미를 주었다. 아저씨는 근처에 사는 사촌을 불렀는데 그는 노엘 케이크인 뷔슈 드 노엘(*Bûche de Noël*)을 사왔다. 여자가 둘이었기 때문에 남자 한 명을 부른 것이다. 왜 그런지 모르지만 프랑스인들은 식탁에서 이렇게 짝을 맞추려고 한다. 아저씨의 사촌도 이브까지 근무를 했다고 하니 프랑스인이라고 모두 시끌벅적한 노엘을 보내는 것은 아닌 모양이었다. 넷이서 이런저런 얘기를 하다보니 금방 열두 시가 되었다. 서투른 프랑스어로 어떻게 긴 시간 동안이나 대화를 나눌 수 있었는지 모르겠다. 아마 아저씨가 프랑스인답게 저녁 식사의 대화를 잘 이끌어가서이거나 식탁 위에 오른 대화의 주제가 나름대로 네 사람 모두 공감할 수 있는 것이어서 그랬을 것이다. 북유럽으로 떠난다는 우리의 말에 그는, 너희에게 독일이나 프랑스나 비슷해 보일 수 있으니 짧은 기간에 여러 나라를 다니기보다는 한곳에 오래 머무르는 게 좋지 않으냐고 조언했다.

나와 달리 같이 공부하던 친구들은 노엘을 맞아 모두 자기 나라로 떠났다. 그들에게 노엘은 워낙 큰 명절인데다 집이 나처럼 멀고 먼 한국이 아니라 영국, 독일, 네덜란드처럼 가까운 곳이었다. 거리에는 갖가지 조명이 장식되어 있어 아름다웠지만 겨울이라 그런지 가족과 멀리 떨어져 있어서 그런지 스산한 느낌만 감돌았다. 겨울철, 파리의 해는 너무 빨리 진다.

통나무를 닮은 케이크, 뷔슈

'뷔슈(Bûche)'는 프랑스의 전통적인 노엘 케이크이다. 가톨릭의 전통을 가지고 있는 프랑스에서 노엘은 큰 명절이자 축제일이라고 할 수 있는데 이날 저녁 식사의 후식으로 뷔슈를 먹는다. 뷔슈는 '뷔슈 드 노엘'을 줄인 것으로 직역하면 '노엘 장작'이란 뜻이다. 이 케이크는 이름에 걸맞게 통나무 모양으로 되어 있다. 초콜릿으로 통나무의 색깔을 표현하고 그 위에 설탕 파우더를 뿌려 계절에 맞게 하얀 눈을 표현한다. 다시 그 위에 나무나 눈사람 모형으로 장식한다.

새해를 맞이할 때 먹는 파이, 갈레트 데 루아

갈레트 데 루아(*galette des rois, 왕들의 파이*)는 프랑스인이 새해, 주현절을 맞이해서 먹는 파이이다. 기독교의 전통에 따르면 주현절은 주 예수 그리스도가 서른 살에 세례를 받고 자신의 모습을 통해 하나님의 은총을 드러낸 날인 1월 6일을 기념하기 위한 날이다. 프랑스인은 보통 1월 첫째 주에 갈레트를 사서 나누어 먹는다. 갈레트에는 페브(*fève*)라는 것이 들어 있는데, 이 페브가 든 조각을 가진 사람이 왕이 되어 다른 사람에게 명령을 할 수 있는 권한을 갖는다. 갈레트를 사면 따라오는 왕관을 쓴 사람은 잠깐이지만 놀이의 왕이 되고 다른 사람들은 신하가 되어 명령에 복종해야 한다. 그러니까 갈레트를 나누어 먹는 행위는 일종의 놀이인 것이다. 페브는 사전에 '잠두콩'이라고 나와 있다. 페브의 두 번째 뜻은 '주현절을 기념하여 내놓는 케이크 안에 단 하나 들어 있는 잠두콩 또는 사기로 만든 작은 인형'이라고 되어 있다.

싸늘했던 파리의 겨울, 뤽상부르 공원 근처의 카페에서 먹은 갈레트에는 금반지가 들어 있었다. 시중에서 파는 갈레트에 실제 금반지가 들어 있을 리 없고 모형 금반지였다. 최근에는 페브의 종류가 강아지나 돼지 인형, 자동차 모형 등으로 다양해졌다. 갈레트에 뭐가 들었을까, 누구의 조각에 페브가 들어 있을까 하는 설레는 마음으로 갈레트를 자르는 일은 작은 즐거움을 준다. 가톨릭 국가인 프랑스에서는 기독교 전통이 생활 곳곳에 스며들어 있다. 노엘이 종교와 관계없이 모든 이들의 축제가 된 것처럼 새해에 가족이나 친구끼리 갈레트를 나누어 먹는 것은 종교의 의미를 떠나 새해맞이 풍습처럼 느껴진다.

프랑스의 할인 판매 기간, 솔드

프랑스어에서 솔드(solde)는 '할인 판매'를 뜻한다. 프랑스에는 일 년에 두 번 여름과 겨울에 큰 세일이 있다. 그래서 새해가 시작됨과 동시에 솔드도 시작된다. 가게 유리창마다 솔드라는 글자가 나붙고 세일은 30퍼센트에서 시작했다가 일정 기간이 지나면 50퍼센트, 마지막에는 80퍼센트까지 할인율이 커진다. 운 좋게 이 기간에 여행을 한다면 좋은 물건을 싼 가격에 살 수 있다. 프랑스의 세일은 말만 세일인 우리나라의 세일과는 달라서 저렴한 가격에 물건을 구입할 수 있다. 유학생이 마음 놓고 가게에 들어가서 물건을 살 수 있는 때도 이 시기이다. 파리에서 늘 근검절약하는 생활을 했던 나도 솔드 때 생 미셸 거리에 있는 의류 브랜드 나프나프에서 물방울무늬 실크 블라우스를 몇 장 샀었다.

06
거리 풍경

거리와 대로

우리나라가 최근에 도로명 주소를 도입하여 정착해 가고 있는 반면에 프랑스는 원래부터 도로명 주소를 사용하고 있었다. 도시 자체가 선적으로 구성되어 있어서인지 도로명 주소가 어색하지 않고 거리 이름과 번지 수를 통해 건물을 찾아가기 쉽다. 대부분의 도로는 뤼(*rue*)라고 불리는데 샹젤리제 거리처럼 아브뉘(*avenue*)라고 불리는 곳도 있다. 뤼는 아주 작은 골목길까지 포함하는 일반적인 길이고 아브뉘는 가로수가 있는 크고 넓은 길을 의미한다. 한편 주소 표지판에 불바르(*boulevard*)라는 명칭이 붙어 있는 것도 볼 수 있다. 이것 역시 넓은 길을 의미해서 아브뉘와 유사한 의미를 가지고 있는데, 아브뉘라고 했을 때 샹젤리제 거리나 몽테뉴, 조르주 생크 등 유명 부티크가 많고 화려한 거리가 떠오르고 불바르가 붙으면 생 제르맹 등 보다 좁은 거리가 떠오르는 것을 보면 아브뉘가 불바르보다 번화하고 규모도 크다는 것을 알 수 있다. 모든 도로는 한쪽이

홀수 번지이면 반대편은 짝수 번지가 되는 방식으로 번지수가 매겨진다.

거리에서 자주 듣게 되는 말, 파르동

파리에서 길을 걸을 때 정말 자주 듣게 되는 말이 바로 파르동(*Pardon,
실례합니다*)이다. 원래 파르도네 무아!(*Pardonnez-moi*)가 예의바르고 제대로
갖춘 표현이지만 바쁜 파리지앵이 길거리에서 이렇게 갖추어 말할 여유

는 없다. 간단하게 파르동이라고 말한다. 길을 비켜달라는 얘기다. 파리가 걷기에 좋은 곳이란 것은 사실이지만 모든 사람이 산책하는 마음으로 여유 있게 걷고 있는 것은 아니다. 파리지앵도 바쁘다. 걷기에 무슨 경쟁심이라도 있는지 경주하듯이 빠르게 걷는 사람도 자주 보게 된다. 길을 걷다 다른 사람을 앞질러 지나가게 되는 상황이거나 지하철 에스컬레이터에서 서 있는 사람을 지나가게 될 때 의례적으로 파르동한다. 느껴지는 의미대로 번역하자면 '실례합니다'라기 보다는 '잠깐만요(지나갈게요)'가 더 맞는 것 같다. 혼잡한 지하철을 탈 때나 내릴 때도 파르동이라고 말한다. 앞서의 파르동과 같이 '길을 비켜 달라'는 의미지만 이때는 자신 때문에 다른 사람이 움직여야 해서 길거리에서의 파르동 보다 더 예의바른 어조로 들린다. 혹시 다른 사람의 어깨나 팔을 치거나 발을 밟은 경우에는 미안한 표정을 지으며 파르동이라고 말한다.

프랑스식 인사, 비주

문화권마다 나라마다 인사법은 다양해서 때론 이상하게 느껴지는 경우도 있는데 프랑스의 인사법 역시 독특하다. 서로의 뺨을 대면서 입으로는 마치 뽀뽀를 하는 것처럼 쪽쪽 소리를 내면서 볼 키스, 비주(bisou)를 한다는 점이다. 거리를 걷다보면 친구끼리 비주를 하는 장면을 자주 볼 수 있다. 서로의 볼이 닿을 뿐, 입술이 뺨에 닿는 것은 아니지만 처음에는 보는 것도 좀 당황스러웠을 정도로 이 인사법에 적응하기까지는 시간이 꽤나 걸렸다.

비주는 매우 친한 사이의 인사로 여자끼리 혹은 남자와 여자 간에 하는 인사다. 남자끼리도 하는 모양이지만 많이 보지는 못했다. 친구끼리는 양쪽 뺨에 한 번씩, 모두 두 번의 키스를 하고 아주 친한 경우에는 번갈아 가면서 양쪽 뺨에 두 번씩, 모두 네 번 키스하기 때문에 만날 때도 헤어질 때도 시간이 걸린다. 특히 헤어질 때, 총 네 번의 볼 키스를 하면서 이런 저런 인사말을 하고있는 것을 보면 성질 급한 한국 사람으로서는 좀 답답함이 느껴지기도 했다. '너 다른 일 있다며 빨리 안가니?' 이런 생각도 들었다. 단어의 발음은 매우 예쁘다. 프랑스어로 '보석, 보물'의 뜻을 가진 비주(*bijou*)와 소리가 같다.

남자끼리 헤어질 때, 혹은 남녀 간이라도 그냥 같은 과 친구라든가 직장 동료 같은 일상적인 관계이면 간단하게 오 르브아!(*Au revoir!*)라고 인사한다. '챠오'라는 이탈리아식 인사말도 젊은 사람들 사이에서 유행처럼 사용되고 있다. 연인이나 애정이 넘치는 부부는 입술에 가벼운 키스를 하며 헤어진다. 나이를 물어보지는 못했지만 70세가 넘은 것 같은 파르망티에 부부도 시내 레스토랑에서 같이 점심식사를 하고 헤어질 때 길거리에서 남편과 입술에 가볍게 키스를 했다. 자크리 부부는 길거리에서는 물론 외출할 때나 외출에서 돌아왔을 때도 별다른 인사가 없는 것 같았다.

거리에 널려있는 개똥, 메르드

파리의 좁은 골목길을 걸어본 사람치고 한 번이라도 개똥(*merde*)을 밟아보지 않은 사람은 드물 것이다. 번지수를 찾으려고 열심히 건물만 살피다가는 개똥을 밟기 십상이다. 파리는 반려견의 천국이니만큼 거리에 개똥도 넘쳐난다. 이상한 점은 반려견을 가족으로 여기는 파리지앵이 산책은 열심히 시키면서도 개똥은 잘 치우지 않는다는 것이다. 어마어마한 크기의 대형견이 사람의 것보다 더 큰 것을 배설한 후에 주인과 유유히 사라지는 모습을 본 적도 있다. 정설인지는 알 수 없으나 개똥을 밟지 않게 하려고 하이힐이 고안되었다는 이야기도 있다. 개똥을 잘 치우지 않는 파리지앵도 개똥이 좋지는 않은지 프랑스어 욕으로 메르드!(*이런 똥 같은!*)이 있다. 개똥을 밟는 일이 많아서 생겨난 욕이 아닐까 싶다.

파리에 머물다 보면 아침마다 거리를 누비는 작은 차를 볼 수 있는데 이것이 바로 개똥 청소차다. 굵은 호스가 장착된 차가 거리나 공원을 부지런히 다니며 개똥을 치우지만 이것만으로는 역부족이다. 청소차가 지나간 지 얼마 되지 않아 파리의 골목에는 다시 개똥이 쌓이기 시작한다. 파리시는 시민 스스로가 개똥을 치우도록 수시로 캠페인을 벌이지만 잘 먹히지 않는다. 하루에 파리 시내에서 처리되는 개똥은 16톤이나 된다고 한다. 연간 처리 비용도 어마어마하다. 개똥을 담을 비닐봉투를 무료로 배포하고 개똥을 치우지 않을 경우 벌금을 부과하는 등 다양한 방법을 모색하고 있지만 자유와 개인의 의지를 중요시하는 파리지앵이 잘 따라주는 것 같지는 않다.

프랑스의 개똥 문제는 예능 프로그램인 JTBC의 <비정상회담>에서도 화제가 된 바 있는데 프랑스 대표 패널로 출연한 케빈은 현재 많이 개선된 상황이라고 주장했다. 2004년 미국 드라마 <섹스 앤더 시티>에서 주인공 캐리가 파리에서 개똥을 밟는 장면이 나온 이후, 그야말로 국제적 망신이라고 생각한 프랑스 정부가 적극적인 해결에 나선 덕분이라고 한다. 하지만 개똥을 치우지 않는 사람에게 '개똥을 치우세요'라고 소리로 경고하는 CCTV를 설치하자는 의견이 나오는 지방 도시까지 있는 것을 보면 이 문제가 여전히 현재 진행형임은 분명하다. 개똥은 파리에 대한 환상을 깨는데 한몫하는 현실의 문제이다.

쇼마주

쇼마주(chômage)는 '실업'을 의미하는 프랑스어이다. 한때 10퍼센트를 넘었던 프랑스의 실업률은 최근 8퍼센트 정도로 낮아졌지만, 한때 테러보다 실업이 더 무섭다는 말이 나왔을 정도로 실업은 프랑스인들에게 심각한 문제이다. 실업이 만성적인 사회 문제가 된 만큼 해결하려는 많은 노력을 기울이고 있는데 주당 노동 시간을 35시간으로 줄여 고용을 늘린 것이 한 예이다.

젊은이들이 모이는 샤틀레역 주변에는 일자리가 없어서 거리에서 시간을 보내는 이가 많았는데 여기에서 파비앵과 그의 사촌을 만났다. 어학 수업이 끝난 뒤에 시간이 많았던 나는 파리 시내에 수많은 박물관을 보러 다니며 가게나 사람들을 구경하곤 했다. 젊은이로 가득 찬 오락실 앞을 지나는데 파비앵이 말을 걸어왔다. '일본 사람이야?' '아니, 한국 사람.' 원래 얘기하기를 좋아하는 이들은 그다지 낯을 가리지 않았다. 당시 파리에는 긴 치마가 유행하고 있었는데 내가 입고 있던 치마를 가리키며

'너 파리지앤느처럼 옷을 입었구나'라고 말했다. 파비앵은 안에 있던 사촌을 불러냈고 나는 그들을 따라 겁 없이 근처에 있던 그의 집에 가서 커피까지 마시게 되었다. 그의 집에서 마신 것은 인스턴트 커피였다. 나중에야 알게 된 거지만 수입이 없는 그들은 돈을 낭비하지 않기 위해 여느 파리지앵과는 다르게 카페를 가지 않고 있었다.

실업 상태라고 해서 이들이 모두 문제를 일으키는 것은 아니다. 친구에게는 몹시 장티(*gentil*, 친절한, 예의바른)하다. 나중에 파리에서 메이크업을 공부하던 내 친구까지 그룹이 되어 몽수리공원으로 피크닉까지 갔으니 이들 역시 나에게는 프랑스어 선생님이었다. 이들은 개찰구를 뛰어넘어서 지하철을 무임승차를 하면서도 별로 부끄러워하는 기색이 없었다. 자신이 실업 상태인 것은 사회의 책임이라는 생각이 강했다. 하지만 결국에는 자신의 현재 상태가 정상적인 것은 아니라고 생각하고 있다는 사실을 알아채게 되었고 만남은 뜸해졌다. 한국으로 돌아오기 얼마 전 다시 샤틀레역을 지나다가 진지한 표정으로 전단지를 돌리고 있는 파비앵을 만났다. "나 일하고 있어" 그가 말했다.

프랑스인의 유머

파비앵과 사촌은 실업 상태였고 늘 빈둥거렸지만 무기력하지는 않았다. 집에서는 체스 게임기로 체스를 하고 친구와는 유머를 주고받으며 나름대로 활력 있는 생활을 하고 있었다. 그들은 프랑스인의 유머, 위무르(*humour*)에 대해 이야기해 주었다.

사람들 사이에는 늘 재미있는 얘기가 유행한다. 프랑스에는 영국, 독일, 미국인을 소재로 한 유머도 있지만 특히 벨기에인을 소재로 하는 얘기가 많다. 벨기에는 크게 북부 플랑드르 지방과 남부 왈롱 지방으로 나뉘는데 남부 지역은 프랑스어를 사용한다. 그러나 나라가 다른 만큼 억양이나 어휘 등 언어 사용에 차이가 있다. 그래서 벨기에 남부인의 말의 속도가 느린 것이 유머의 소재가 된다. 어느 날, 바보 같은 신랑이 물 한 컵을 머리맡에 두고 자다가 중간에 깨서 반을 마셨는데 아침에 일어나서 그걸 보고 뭐라고 했다는 이야기를 해주었는데 다행인지 불행인지 나는 내용을 잘 이해하지 못했다. 벨기에인을 소재로 하는 유머는 유럽인끼리의 것이다. 다른 대륙의 사람이 그런 얘기를 하거나 동조했을 때는 분위기가 순식간에 싸해진다. 벨기에인보다 프랑스어에 능숙하지 못한 이들이 그들을 가지고 우스갯거리로 삼는다는 것 자체가 코미디가 되기 때문이다.

파리지앵이 입는 블랙진

'진'하면 보통 푸른색의 바지를 떠올리기 마련인데 프랑스에서는 사정이 좀 다르다. 젊은 사람을 주요 고객으로 하는 대학가의 옷 가게에서 진을 보여 달라고 하면 거의 진 누아르(*jean noir*), 블랙진을 보여준다. 블루진은 구색을 맞추려는 것처럼 구석에 몇 개 놓여 있을 뿐이다. 당연히 거리를 오가는 젊은이, 맥도날드에서 햄버거를 먹고 있는 사람 모두 블랙진을 입고 있었다. 프랑스인은 대체로 검은색을 선호하는데 검정에 대한 사랑은 이처럼 진에서도 나타난다.

빨간색은 정열, 노란색은 지혜, 녹색은 안정이나 희망, 흰색과 검은색은 각각 선과 악, 천사와 악마를 상징하는 것처럼 모든 색깔은 어떤 상징을 가지고 있는데, 프랑스인에게 검은색은 지성을 대변하는 색이다. 그래서 많은 사람이 검은색 옷을 입는다. 처음 프랑스에 갔을 때 가이드인 상드린도 흰 셔츠에 블랙진 차림이었다. 그녀는 검은색을 좋아한다고 했다. 자기네 골족(*Gaule, 프랑스인의 기원이 된 민족*)의 색은 검은색이라고 내게 말해줄 정도였다. 겨울이 되어도 검은색 외투는 많지만 원색 외투나 파카는 찾아보기 힘들다. 아프리카나 아랍계인은 다양한 색깔의 옷을 입는 편이지만 그들의 옷은 채도가 낮았다. 그래서 선명한 원색의 옷을 입은 사람을 찾아보기 힘들었다. 당시 한국에서 유행했던 빨간색 파카를 프랑스에 가져가서 입었었는데 내 옷차림만 튀어서 마음이 불편했다. 게다가 블루진 차림이었다.

프랑스 전통 스포츠, 페탕크

한낮에 따가운 햇살이 내리쬐는 잠시를 제외하고는 한여름에도 파리의 기온은 늘 섭씨 25도 정도로 적당하다. 골목을 휘감아 도는 선선한 바람을 맞으며 호텔을 나설 때는 파리에 오길 잘했다며 스스로의 결정에 만족한다. 그날은 로댕 박물관에 들었다가 시위로 인해 투르모부르역에서 에펠탑까지 걷게 된 날이었다. 정오가 조금 지난 즈음의 더위 속에 에펠탑 근처, 주택가 작은 공원에 몇몇 사람들이 모여 페탕크(*pétanque*)를

하고 있었다. 지나면서 슬쩍 봤지만 그들 가운데 누가 에이스인지는 금방 알아볼 수 있었다. 페탕크는 언젠가 책에서 본 적이 있지만 실제 본 것은 처음이었다. 아마 그때까지는 페탕크라는 것이 뭔지 몰라서였을 것이다.

페탕크는 로마시대에서도 흔적을 찾아볼 수 있는 쇠구슬 치기 놀이이다. 현대에 이르러 제대로 된 경기규칙을 마련하여 정식 스포츠 경기가 되었다. 프랑스를 비롯한 남부 유럽에서 주로 하던 경기지만 지금은 전 세계 백여 개 국가에서 즐기고 있다. 프랑스와 프랑스의 식민지였던 동남아, 특히 태국이 페탕크 강국이다.

페탕크는 써클 안에 서서 6~10미터 거리에 던져놓은 목표공에 불(boule)이라고 하는 쇠공을 가깝게 던지는 기술을 겨루는 경기로 특별한 운동신경을 요구하지 않아 약간의 집중력과 판단력이 있으면 누구나 즐겁게 참여할 수 있다. 그 여름에 보았던 경기가 인연이 되어서인지 몇 년 후 한국에서 협회를 조직하고 실제 페탕크를 하게 되었다. 그리고 활동을 같이하는 사람들과 12구에 있는 전문 페탕크 경기장에서 지도자 연수도 받게 되었다. 페탕크를 하러 파리에 간다는 것은 공부를 하거나 여행을 하기 위해 파리에 가는 것과 다르다. 세계협회 회장, 아제마를 만나고 왕년의 남자 단식 우승자와 같이 경기도 했다. 클럽에서 파티를 하고 가까운 뱅센숲을 산책했다. 이번에는 소풍을 나온 가족들이 페탕크를 하는 모습을 볼 수 있었다.

프랑스 문화 생각하기 4

1. 프랑스 축구 대표팀에 있는 선수들의 이름을 말해보자.

2. 프랑스의 사회 계층 간 갈등 구조에 대해 생각을 정리해 보자. 갈등 구조를 객관적으로 서술하고 해결 방법을 찾아 써 보자.

3. 메트로, 불로, 도도의 의미를 찾아보고 발표해 보자.

4. 파리의 대중교통과 벨리브, 오토리브에 대해 조사하고 발표해 보자. 가상현실로 메트로를 타 보고 소감을 말해보자.

5. 프랑스의 크리스마스와 새해 음식에 대해 조사하고 발표해 보자.

5장

한국 속의 작은 프랑스

01
이건
프랑스어였어

프랑스어를 전공한 탓에 주변에는 항상 프랑스를 잘 아는 사람, 프랑스어를 잘하는 사람, 프랑스 여행을 많이 한 사람 또는 와인을 좋아하는 사람만 있었다. 게다가 요즘은 해외여행이 일상의 한 부분이 될 정도로 보편화되어 프랑스에 관한 얘기가 나오면 다들 에펠탑이나 루브르 박물관, 몽마르트르 정도는 가봤다고 하니 어느샌가 누구나 프랑스에 대해서 나만큼은 아는 것이 아닌가 하는 생각을 하고 있었다. 그런데 어느 날 바로 아래의 여동생이 '모나미가 프랑스어야?' 하고 물은 적이 있었다. '너 그거 프랑스어인 거 몰랐어?' 하고 내가 반문했다. 내가 아니까 다른 이도 알고 있을 것이라 생각하고 있었던 것은 큰 착각이었다. 프랑스나 파리라는 단어가 주는 친숙함에 비해 전공자가 아닌 비전공자의 프랑스어에 대한 지식은 빈약하다. 동생뿐만 아니라 다른 가족도 주변에서 흔히 사용되는 투레주르, 바게트, 카페와 같은 단어가 어떤 의미인지 잘 모르고 있었다. 우리 주변에 널려있는 프랑스어. 알고 쓰면 더 좋을 것이다.

프랑스어

프랑세(français, 프랑스어)는 '명확하지 않은 것은 프랑스어가 아니다(Ce qui n'est pas clair, n'est pas français)'라는 말처럼 앞뒤가 딱 맞아떨어지는 명쾌한 언어다. 명사는 남성과 여성, 단수와 복수가 구분되어 있어서 어떤 문장 요소가 어떤 다른 요소와 대응하는지 쉽게 알아볼 수 있다. 시제의 구분도 명확하다. 물론 한국어에는 이러한 요소가 없기 때문에 프랑스어가 어렵게 느껴지기도 해서 이해하기도 사용하기도 어렵다. 영어와 같은 알파벳을 쓰고 있어서 철자는 어렵지 않지만 철자 기호라고 하는 여러 가지 부호가 있어서 헷갈린다. 한동안 우리나라 간판에 카페라는 단어가 많이 사용되었는데 'caf'e'라고 써놓는 경우가 참 많았다. 폼나게 프랑스어 한번 써보려고 했다가 오히려 격이 떨어진 경우다. 프랑스어를 말하려면 마지막 자음은 소리 나지 않는다는 사실도 명심하고 있어야 한다. 마지막 자음이 소리 나지 않기 때문에 레스토랑이 영어처럼 '레스터런트'가 아니라 '레스토랑'인 것이다. 프랑스어에는 비음이 많다. 그래서인지 샹송은 더 분위기가 있는 것처럼 들린다. 그래서 프랑스어는 감미롭고 사랑스러운 언어라는 인식이 지배적이다. 프랑스어를 사용하고 있는 나라는 프랑코포니(francophonie) 국가, 프랑스와 스위스, 벨기에, 캐나다 퀘벡 그리고 과거 프랑스 식민지였던 아랍권 아프리카, 동남 아시아 일부, 남태평양과 카리브해의 몇몇 나라로 생각보다 많다. 유엔 총회나 올림픽 같은 국제적인 행사에 영어와 함께 공용어로 쓰이니 꼭 프랑스어 전공이 아니더라도 알아두면 유용할 것이다. 게다가 어느 사이엔가 우리 생활에도 들어와 자주 사용되고 있으니 주변에서 흔히 접할 수 있는 단어 몇 가지를 소개하려고 한다.

02
일상에서 만나는
프랑스어

노블레스 오블리주

언젠가부터 우리나라 TV 퀴즈 프로그램에는 '사회적 지위나 경제력을 갖춘 사람은 그에 맞는 사회적 의무를 다해야 한다는 의미의 프랑스어 표현이 무엇이냐?'는 질문이 자주 등장한다. 답은 '노블레스 오블리제'였는데 '오블리제'란 단어가 어디서 왔는지 항상 의문이었다. 발음에 따라 굳이 정확한 표현을 만들자면 노블레스 오블리제(*noblesse obligée*), '의무가 따르는 고귀함'이 정답이다. 그런데 실제로 프랑스인이 이런 표현을 알고 있는지 또 사용하는지는 모르겠다. 사전을 찾아보니 노블레스 오블리주(*Noblesse oblige*)라는 속담이 있다. 직역하면 '고귀함은 의무를 강요받는다' 정도의 의미. 그 밑에는 '지위가 높으면 덕도 높아야 한다'라고 해석되어 있다. 둘 다 의미상으로는 맞지만 굳이 존재하고 있는 표현으로 따지자면 퀴즈의 답은 노블레스 오블리제가 아니라 노블레스 오블리주가 맞다. 노블레스 오블리제는 오블리주의 마지막 'e'를 [e]라고 영어식으로 발음한 데 따른 잘못된 표현이다.

데뷔

데뷔(*début*)는 '시작'이라는 뜻의 프랑스어이다. 우리나라에서는 보통 '가수 누구누구가 데뷔했다'라는 식의 표현으로 사용되는데 다른 프랑스어처럼 'u'를 영어식으로 발음해서 '데뷰'라고 하는 사람이 많다. 프랑스어에서 'u'는 우리 발음으로 '위'에 가까운 소리다.

데생

데생(*dessin*)은 '그림'이란 뜻의 프랑스어이다. 미술에서는 주로 연필로 그린 밑그림을 의미한다. 우리나라 미대 지망생들은 한때 그림 연습으로 석고 데생을 많이 했었다. 하지만 움직임이 없는 석고상을 판에 박힌 듯 그려내는 기계적인 연습만 하게 되기 때문에 최근에는 사라지는 추세이다. 유명 화가의 전시회에 가 보면 그들의 데생도 작품과 나란히 전시되어 있는 경우가 많다. 거장의 데생은 작품만큼의 값어치가 있다.

레미제라블

레미제라블(*Les misérables*)은 우리나라에 잘 알려진 빅토르 위고의 소설인데 직역하면 '가련한 사람들' 혹은 '비참한 사람들'이라는 뜻이다. 프랑스어의 정관사 복수형 'Les'가 형용사 'misérables'와 결합해서 영어에서처럼 사람을 가리키는 말이 된 것이다. 프랑스 대혁명 이후에도 계속된 민중의 고통스러운 삶을 그린 이 작품의 제목을 우리나라에서는 주인공의 이름을 따서 '장발장'이라고 번역된 적도 있었는데 최근에는 그냥 원어대로 '레미제라블'이라고 부르는 추세다. 레미제라블은 뮤지컬로도 제작되어서 뉴욕의 브로드웨이나 런던의 웨스트앤드에서 롱런하고 있는데, 거리의 여자인 팡틴의 딸 코제트가 그려져 있는 포스터는 우리에게도 잘 알려져 있다. 2012년에는 영화로도 개봉되어 화제가 되기도 했다.

모나미

모나미(mon ami)는 프랑스어로 '나의 친구'라는 정다운 뜻을 가지고 있는데 우리나라의 오래된 볼펜 이름이기도 하다. 모나미 볼펜은 내가 초등학생이었을 때도 있었을 만큼 오래되었는데, 알아보니 1963년 5월 1일이 모나미 볼펜의 생일이라고 한다. 모나미에 쓰여 있는 '153'이란 숫자에는 세 가지 의미가 있다고 한다. 첫 번째는 베드로가 하나님이 지시한 곳에 그물을 던져 153마리의 고기를 잡았다는 요한복음 21장에서 숫자 '153'을 따왔다는 것이다. 두 번째는 1, 5, 3을 각각 더하면 우리나라 사람들이 좋아하는 숫자인 '9'가 된다고 한다. 세 번째로는 출시 당시의 가격 15원과 모나미사에서 개발한 세 번째 제품이라 해서 이 둘을 합쳐 '153'이란 숫자가 탄생했다는 것이다. 회사의 사활을 건 대표 상품이다 보니 많은 의미를 부여하려 했던 게 아닌가 싶다.

'153'이라는 숫자에는 개인적인 기억도 담겨 있다. 대학 신입생 환영회 때 어떤 선배가 '제 키는 모나미 사이즈예요'라고 말했던 것이 아직도 기억에 남아 있다. 그 선배의 키가 153센티미터라는 얘기다. 어쨌거나 1963년에 누군가 프랑스어로 볼펜 이름을 고안해 냈다는 것이 놀랍다. '나의 친구'라는 편안한 단어가 싸고 부담 없이 사용할 수 있는 볼펜의 이름이 되었으니 둘 사이의 궁합이 잘 맞아 제품이 장수하는 듯싶다. 그런데 아쉽게도 모나미라는 이름의 제안자가 누구였는지는 기록에 남아 있지 않다고 한다.

몽셸

몽셸(mon cher)은 우리나라에서 판매하는 초코 과자에 붙여진 이름이다. 원래 'mon'은 '나의'란 뜻으로 '내가 좋아하는'이라는 의미를 내포하고 'cher'는 '사랑하는, 소중한'이라는 의미가 있어서 이 둘을 합하면 친한 사람의 의미 혹은 배우자를 지칭하는 말이 되지만 과자에서는 '내가 좋아하는 초코 과자'의 의미로 해석될 수 있어 딱 어울린다. 원래 '몽셸 통통'이었는데 언젠가부터 짧게 '몽셸'이 되었으니 말을 줄여 쓰는 시류를 반영한 듯도 하다. '통통'이 어린아이 말로 '아저씨'라는 뜻이니 원래 과자는 '나의 소중한 아저씨가 만들어 주는 초코 과자' 혹은 '나의 소중한 아저씨 같은 초코 과자'였던 셈이다.

부케

부케(*bouquet*)는 꽃다발이라는 뜻이다. 부케란 꽃이 자연스러운 상태가 아닌 사람의 손길에 의해 다듬어져 보다 아름다운 방식으로 모여 있는 상태를 말하므로 병에 꽂혀 있든 일본식 꽃꽂이인 이케바나로 장식되어 있든 손에 드는 꽃다발의 형태로 되어 있든 모두 부케이다. 하지만 단어의 국적이 달라서인지 꽃다발과 부케의 뉘앙스(*nuance*)는 서로 다르게 느껴진다. 꽃다발에는 생일, 입학식과 졸업식의 축하 혹은 연인에게 하는 사랑 고백의 의미가 있는 것처럼 느껴지고 부케 하면 바로 새하얀 웨딩드레스를 입은 신부가 떠오르는데 이것은 우리나라에서 부케는 주로 웨딩 부케의 의미로 사용되기 때문이다. 사실 부케는 이 두 가지 의미를 다 가지고 있다.

프랑스의 부케는 단순하다. 플라스틱으로 된 가짜 꽃도 섞여 있지 않다. 더 예쁘고 화려하게 보이게 하려고 원색의 포장지를 두르지도 않고 커다란 리본으로 장식하지도 않는다. 리시안셔스, 무스카리, 알스트로메리아과 같은 예쁜 꽃을 투명한 하얀 비닐에 싸서 만든다. 장식을 줄여 꽃 자체가 돋보이도록 하는데 전체적인 색조는 주로 파스텔톤을 띤다.

뷔페

뷔페(*buffet*)는 원래 '찬장'이라는 뜻인데 '파티 등에서 음식을 차려놓은 식탁'을 의미하기도 한다. 우리나라에서는 주로 두 번째 의미로 사용된다. 그런데 이 단어는 주로 '부페'라는 발음으로 통용되고 있어 안타깝다. 프랑스에서 들어온 외래어이니만큼 원어의 발음을 따라주었으면 하는데 많은 프랑스어 단어가 그렇듯이 영어식으로 발음되고 있다.

샹송, 에디트 피아프와 이브 몽탕

샹송(chanson)은 프랑스어로 노래라는 뜻이지만 일반적으로 '칸초네'가 이탈리아 노래라는 의미를 갖는 것처럼 보통 샹송하면 '프랑스 노래'라는 의미로 해석하게 된다. 하지만 프랑스의 노래라고 해서 우리에게 전부 다 샹송이라는 느낌으로 다가오는 것은 아니다. 요즘 유행하는 프렌치 팝을 샹송이라고 하지는 않으니까 말이다. 샹송이라 하면 대체적으로 50년대나 60년대 프랑스 노래가 떠오르는데 우리에게 잘 알려져 있고 친숙한 노래가 대부분 그 시대의 것이기 때문이다. 샹송 가수로는 에디트 피아프와 이브 몽탕이 대표적인 인물이다.

에디트 피아프는 염소의 울음소리처럼 떨림이 많은 목소리를 가지고 있다. <라비 앙 로즈 La vie en rose>로 그녀의 이야기가 영화화된 적도 있어 샹송을 잘 모르는 이들에게도 그녀의 이름은 알려져 있다. 가난한 부모에게서 태어나 거리에서 노래하던 에디트 피아프는 당시 유행하던 카바레의 사장이었던 루이를 만나 카바레 무대에서 데뷔하게 된다. 타고난 목소리로 성공을 거둔 그녀는 이후 물랭루즈에서 공연하면서 그리스 이민자 출신의 이브 몽탕을 만났고 그의 후원자가 되며 사랑에 빠지게 된다. 이때 나온 노래가 <장밋빛 인생>이다. 하지만 이브 몽탕은 유명해진 후에 그녀를 떠난다. 나중에 그녀는 마르셀 세르당이라는 세계 미들

급 권투 챔피언과 사랑에 빠지는데 이미 세 아이의 아빠였던 세르당과의 사랑은 그의 비행기 사고로 인해 비극적인 결말을 맞이한다. 승무원과 탑승객 전원이 사망한 사고였다. 이때 <사랑의 찬가 Hymes à l'amour>가 나오게 된다. 그들의 허무한 사랑을 보여주는 듯 애잔하고도 슬픈 노래다. 그녀의 마지막 연인은 21살 연하의 테오 사라포였는데 엄청난 나이 차이로 인하여 사람들은 편견에 사로잡힌 시선으로 두 사람의 관계를 바라보았다. 어린 연인인 테오 사라포가 에디트 피아프의 재산을 노린 것이 아니냐는 것이었다. 그러나 그녀의 사망 이후 재산은커녕 오히려 빚만 잔뜩 있었다는 사실이 밝혀지면서 오해가 풀리게 된다. <라비 앙 로즈>, <사랑의 찬가>와 함께 <파담 파담 Padam padam>, <파리의 하늘 밑 Sous le ciel de paris>가 그녀의 대표곡인데 요즘 들어도 참 좋다.

한때 피아프의 연인이었던 이브 몽탕은 키가 143센티미터에 불과했던 그녀와 달리 188센티미터의 훤칠한 미남이었다. 그리스에서 프랑스 남부 마르세이유로 이주했던 그 역시 가난한 집에서 불우하게 자랐지만 노래에 재능을 가지고 있었다. 살롱에서 노래하던 그는 파리에 온 후 물랭루즈에서 에디트 피아프를 만나면서 대중에게 이름을 알리게 되었고 인기를 얻게 되었다. 에디트 피아프와 영화 <밤의 문 Les portes de la nuit>에 함께 출연했고 이때 자크 프레베르의 가사로 유명한 <고엽 Les feuilles mortes>을 불렀다. 고엽은 나중에 그야말로 불후의 명곡이 되었다. <Automne leaves>란 제목으로 많은 영미권 가수들이 이 노래를 부르기도 했다. 그는 프랑스 공산당에 동조하기도 하고 인권 운동에도 많은 관심을 가졌다. 노동자 계급 출신이었던 그는 아직까지도 보수적이었던 사회의 분위기 속에서 모자, 재킷, 넥타이를 갖춘 댄디즘을 버리고 재킷을 입지 않고 넥타이도 매지 않은 채 셔츠를 풀어헤치고 무대에 올라 화제가 되었다.

1991년 11월, 이브 몽탕이 파리 생 제르멩 거리의 자택에서 숨을 거두었을 때 프랑스의 모든 방송 채널은 그의 사망 소식을 다루었다. 사망 당시 그의 곁에는 금발의 아름다운 아내와 어린 자녀가 있었다. 그때 막 프랑스어 교실에서 그의 <고엽>을 들으며 파티스리를 공부하러 온 미국 할머니 앤과 함께 감상에 젖어 있었던 터라 그의 사망 뉴스와 특집 프로그램이 각별하게 다가왔던 기억이 난다.

앙팡

앙팡(*enfant*)은 '어린아이'라는 뜻을 가진 프랑스어이다. 영어의 'infant'와 유사한 단어인데 '어린아이 같은, 유치한'의 의미로도 쓰인다. 한편 앙팡 테리블(*enfant terrible*) 즉 '무서운 아이'란 표현이 한 때 우리나라에서도 유행했었는데 이것은 장 콕토의 소설 제목에서 나온 단어로써 겁 없이 세상에 도전하는, 한 마디로 사고치는 청소년을 가리키는 말이었다. 사전에는 '범상치 않은 사고와 행동으로 세상 사람을 놀라게 하는 성공한 젊은이'라는 긍정적인 의미로 나와 있다.

한편 우리나라에는 앙팡이라는 이름의 치즈가 있다. 이 치즈는 어린이의 성장에 필요한 철분이나 칼슘이 많이 들어 있다는 의미에서 앙팡이라는 이름을 사용하고 있다.

에튀드

에튀드(*étude*)는 '공부'라는 뜻의 프랑스어이다. 그러니까 '나 공부하고 있어'와 같은 말을 할 때 이 단어의 동사형이 사용되는데 음악과 미술에서는 주로 '연습'이라는 의미로 사용된다. 개인적인 경험에 비추어보면 바이올린을 배울 때 곡의 제목이 아예 에튀드라고 되어 있는 경우가 있었는데 그런 곡은 감상을 위한 곡이라기보다는 바이올린 테크닉을 익히기 위한 연습곡이라고 보면 된다. 그래서 A선 연습곡은 A선 위에서 손가락이 다양하게 움직이도록 작곡되어 있다. 미술에서도 다양한 기법을 연습하기 위해서 만든 작품은 에튀드라고 부른다.

한편 우리나라 화장품 브랜드의 이름 중에 '에뛰드 하우스'가 있다. 에튀드의 뜻이 '연습'인 만큼 화장을 많이 해보지 않은, 이제 막 화장을 시작하는 연령대를 겨냥한 화장품 브랜드라는 것을 알 수 있다.

콩트

콩트(*conte*)는 원래 '짧은 이야기'라는 뜻으로 구전되어 내려오는 설화나 어린이를 위한 동화라는 의미도 포함하고 있다. 국어사전에는 콩트가 '단편소설보다 짧은 소설, 인생의 단면을 예리하게 포착하여 그리며 유머, 풍자, 기지 등을 담고 있다'라고 나와 있는데 우리나라에서는 한때 코미디 프로그램의 한 토막을 콩트라고 지칭했었다.

크레용

　우리가 초등학교 때부터 써 온 크레용(*crayon*)이란 단어는 프랑스어로 '연필'이라는 뜻이다. 그러니까 원래는 흰색과 검은색 같은 무채색부터 빨강, 파랑, 녹색, 노랑까지 가지각색의 화려함을 자랑하는 화구가 아니라 그냥 검정색 연필이라는 것이다. 회화 재료의 한 종류일 때 우리가 흔히 알고 있는 크레용, 색깔이 들어 있는 초등학생용 그림 연필이라는 의미가 된다. 물감처럼 번지지 않아 그림을 망칠 염려가 적기 때문에 저학년용으로 사용된다. 안료에 파라핀 같은 것을 넣어 딱딱하게 굳힌 것인데 나중에 왁스나 야자유를 넣어 만든 크레파스로 발전했다.

투레주르

　투레주르(*tous les jours*)는 서울 시내 여기저기에 널려있는 빵집 이름이다. 처음 CJ에서 이 체인 빵집을 만들었을 당시만 해도 기존에 터를 잡고 있던 동네 빵집들의 저항이 만만치 않았다. 이제는 그런 저항도 수그러지고 투레주르는 길거리 어디에서나 볼 수 있는 흔한 빵집이 되었다. 프랑스어에서 투레주르는 '매일매일' 혹은 '항상'의 뜻을 가지고 있다. 그러니까 투레주르는 매일 빵을 사러 오라고 말하고 있는 셈이다. 어렸을 적, 친구네가 시내에서 찐빵 집을 했었는데, 그 집 벽에는 '어제도 오시더니 오늘도 오셨군요. 내일도 오신다면 얼마나 좋을까요?'라는 문구가 쓰여 있었다. 투레주르가 이와 비슷한 느낌을 주는 말이라면 심한 비약일까. 친구네 찐빵집은 엄마와 대중목욕탕에 가는 날이면 들리는 곳이었는데 찐빵과 만두가 정말 맛있었다. 허름한 가게였지만 친구네는 찐빵 장사를 통해 큰돈을 벌었다고 들었다. 그리고 친구는 그 돈으로 피아노 레슨을 받고 서울에 있는 대학에 진학할 수 있었다.

파르테르

　파르테르(*par terre*)는 레슬링에서 사용되는 경기 용어로 선수가 양손과 무릎을 바닥에 대고 엎드리는 자세의 벌칙을 의미하는 말이다. 'par'는 '~로, ~에 의해서'라는 뜻이고 'terre'는 '땅바닥'을 의미하므로 두 단어를 합하면 '땅바닥에(엎드려)'라는 뜻이 되는 것이다.

　일반 사람과 마찬가지로 경기에 임하는 선수나 아나운서, 해설자가 프랑스어를 제대로 알고 사용하는 것은 아니어서 '빠떼루'란 발음이 익숙할 것이다. 레슬링은 아시아가 강세를 보이고 있는 종목이라 빠떼루란 발음이 토착화되어서 이걸 자주 듣게 되는 것이 참 재미있다.

03
영화 속의
프랑스어

누아르

누아르(*noir*)라는 단어는 '검은'이라는 뜻인데 주로 필름 누아르(*film noir*)를 줄인 말로 통용된다. 필름 누아르는 직역했을 때 '검은 영화'라는 뜻이므로 주로 도시의 뒷골목에서 벌어지는 잔인하고 폭력적인 범죄를 보여주는 영화를 지칭하는 용어로 사용된다. 필름 누아르는 1940년대 후반과 1950년대 초반 할리우드 스튜디오에서 많이 제작되었다. 영화를 살펴보면 뭔가를 감추고 있는 것 같은, 신경증적인 인물이 주요 인물로 등장하고 장면마다 빛과 어둠이 선명한 대조를 이루는 한편 색채라고는 전혀 찾아볼 수 없어 전체적으로 어둡고 우울하다.

우리에게는 '홍콩 누아르'가 잘 알려져 있는데 1980년대, <영웅본색>, <첩혈쌍웅>, <무간도>와 같은 영화가 바로 그런 영화이다. 어둡고 우울한 분위기 속에서 인물들은 잔인하고 폭력적인 사건에 휘말리게 되지만 탈출구는 없고 결국 파멸한다. 운명적으로 만나게 된 아름다운 여인과의 사랑을 통해 구원을 찾지만 이마저도 불가능한데 이때 나타나는 여인들이 대부분 팜므 파탈이기 때문이다.

미국 영화와 홍콩 영화 장르를 지칭하면서 왜 프랑스어를 사용했는지가 궁금한데 그 이유는 이런 필름 누아르가 프랑스 문학사에 등장하는 로망 누아르(*roman noir*) 즉 '검은 소설'에 기원을 두고 있기 때문이다. 탐정 소설의 하위 범주인 로망 누아르는 추리가 주는 긴장감을 사용해 이야기를 전개해 나간다. 로망 누아르가 정통 문학과 거리가 있어서인지 누아르 계열 영화들도 대부분 A급이라고 하기는 어렵다. 프랑스에서는 1960년 전후로 등장한 일부 누벨바그(*nouvelle vague*, 새로운 물결) 계열의 영화가 누아르적인 성격을 띠고 있다.

미장센

미장센(*mise en scène*)은 직역하면 '장면 만들기'라는 뜻을 가진 복합어이다. 'mise'가 '둠, 놓아둠'을 뜻하고 'en'은 '~로', 'scène'은 '장면'을 뜻하기 때문이다. 미장센은 보통 연극이나 영화에서 하나의 장면을 연출하기 위한 모든 장치 즉 배우와 연기, 의상, 무대 장치, 조명 등의 총합을 의미한다. 처음에는 연극에서만 사용되었던 용어지만 차츰 영화에서도 사용되었는데 어떤 영화의 장면 하나하나가 예술 작품처럼 아름다우면 그 영화의 미장센이 훌륭하다고 평한다.

시네마

프랑스어를 공부하다 보면 흔히 한국에서 통용되고 있는 의미가 프랑스에서 사용되는 것과는 달라서 헷갈리거나 잘못 사용하는 경우가 생긴다. 대표적인 예가 바로 시네마(*cinéma*)이다. 시네마는 '영화' 혹은 '영화관'이란 의미이지만 '나 영화 보러 가'라는 표현을 할 때는 이 단어를 쓰지 않는다. 대신 필름(*film*)라는 단어를 사용해야 하는데 이것은 시네마가 영화라는 개념을 나타내지만 우리가 스크린에서 보는 개별적인 영화를 의미하지는 않기 때문이다. 프랑스어를 전공하는 학생들도 잘못 사용하는 경우가 종종 있으니 주의가 필요하다.

데자뷔와 자메뷔

데자뷔(*déjà vu*)는 어떤 장소에 처음 갔음에도 불구하고 언젠가 왔었던 느낌이 들 때 혹은 어떤 물건이나 사람을 처음 보았음에도 이미 봤던 것 같은 느낌이 들 때 사용하는 말이다. '기시감'이라는 뜻으로 마치 꿈에서 본 것 같은 착각을 의미하기도 한다. 자메뷔(*jamais vu*)는 이와 반대되는 뜻으로 매일매일 접하는 익숙한 환경이나 어떤 사물에 대해서 마치 처음 보는 것과 같은 생경한 느낌을 갖게 되는 현상을 말한다. 우리는 모두 이 두 현상을 경험한 적이 있을 것이다. 이 단어들은 영화 용어로도 많이 사용된다.

오마주

오마주(*hommage*)는 '존경, 경의'란 의미를 가지고 있는 프랑스어이다. 우리나라에서는 주로 영화 용어로 쓰인다. 훌륭한 업적을 남긴 감독에게 경의를 표하는 의미에서 그가 사용했던 대사나 장면 등을 비슷하게 따라

하는 것을 말한다. 오마주는 패러디나 모방, 표절과 혼동되는 경우가 많고 모방이나 표절을 오마주로 포장하는 경우도 종종 생긴다.

알프레드 히치콕 감독의 영화 <싸이코>는 스릴러 장르의 교과서로 인정받고 있다. <싸이코> 속 유명한 샤워실 살인 장면은 여러 영화에서 오마주되었다. 그러나 어떤 영화도 원작만큼의 평가를 받지는 못했다.

팜므 파탈

'팜므'는 '여자', '파탈'은 '운명적인, 치명적인'이라는 뜻을 가지고 있으므로 이 두 단어를 합친 팜므 파탈(*femme fatale*, 팜 파탈)은 '운명의 여인'이라는 뜻이 된다.

팜므 파탈의 원형은 보들레르의《악의 꽃》에서 발견할 수 있다. 보들레르는 이른바 열 가지의 아름답고 매력적인 여성상을 정의해서 당시에 큰 스캔들을 일으켰다. 여기서의 팜므 파탈은 상징주의와 세기말적 탐미주의가 대세를 이루던 19세기 말에 인기를 누렸던 요부 혹은 악녀라고 볼 수 있다.

20세기에 팜므 파탈은 주로 누아르 영화에 등장한다. 영화에서 이 여인은 남자를 '파멸로 이끄는 여인'이다. 운명적으로 남자의 인생에 끼어든 치명적인 매력의 여자는 감미롭게 남자를 유혹한 후 결국 파멸하게 만든다. 혹은 자신도 함께 파멸한다.

04
패션의 본고장
프랑스

루이뷔통

　프랑스에서 19세기란 축복과도 같은 시기라는 생각이 든다. 그림과 문학에서 많은 천재를 배출한 이 시기에 프랑스의 대표적인 명품 브랜드 루이뷔통(*Louis Vuitton*)의 역사도 시작되었다. 원래 루이뷔통은 명품 장인이었던 마레샬이란 사람의 가게에서 점원으로 일했다. 귀족들의 여행 가방을 챙기는 것을 도와주다가 여행 가방을 딱딱하고 평평한 재질로 바꾸어 층층이 쌓을 수 있는 디자인을 고안했다고 한다. 가방에 브랜드 로고와 가방 잠금장치를 처음으로 도입하였고 모노그램이라는 이름이 붙은 꽃과 별 무늬를 개발하여 브랜드의 대표 이미지를 만들었는데 지금은 당연하게 여겨지지만 당시에는 매우 획기적이었기 때문에 루이뷔통이 명품이 될 수 있었던 것 같다.

　샹젤리제 거리에 루이뷔통 본점이 있었는데 홈스테이를 했던 집에서 걸어가도 불과 몇 분밖에 걸리지 않는 거리에 있었다. 하지만 샹젤리제 거리 근처에서 지낸 몇 달 동안 루이뷔통에 별다른 관심을 갖지는 않았고 심지어 매장의 윈도우를 자세히 들여다본 적도 없었다. 나와는 다른 세계라고 생각했기 때문에 그랬던 것 같다. 가격 면에서도 그랬겠지만 디자인이나 스타일 면에서도 학생이었던 나의 신분과 맞지 않았다. 1991년 파리의 거리에는 일본인만 루이뷔통 쇼핑백을 잔뜩 들고 다니는 것이 보일 뿐 다른 국적의 사람이 이 명품 매장 앞에서 줄을 서는 일은 거의 없었다. 프랑스 브랜드임에도 프랑스인이 루이뷔통 가방을 들고 다니는 것도 거의 본 적이 없다. 프랑스인의 사고방식으로는 자기 한달치 월급과 비슷하거나 그보다 비싼 가방을 산다는 것은 상상조차 하기 어려운 것 같다. 쇼핑몰 같은 곳에서 그녀들은 저렴하고 실용적인 자기만의 가방을 고른다. 너도나도 같은 스타일의 옷을 입고 같은 가방을 드는 위니포름므(*uniforme*)는 파리지앵이 제일 혐오하는 스타일이다. 대부분이 상류층, 클라스 에제였던 게이뤼삭 거리 자원봉사 센터 사람들에게서도 명품을 들고 있는 모습을 찾아볼 수 없었다. 마담 파르망티에 역시 명품 가방은 커녕 한겨울 내내 검은색 외투 하나만을 입고 다녔다.

최근에는 명품 쇼핑도 글로벌화되는 추세라서 많은 한국인이 프랑스 여행을 통해 루이뷔통을 사는 것 같다. 또 최근에는 중국인들의 루이뷔통 사랑도 못 말릴 지경이다. 명품가게 앞 긴 줄은 대부분은 중국인들인데 일정 기간에 살 수 있는 가방의 숫자가 한정된 탓에 길거리에서 모르는 사람에게 쇼핑을 부탁하기도 한다. 모노그램 무늬는 특히 아시아인이 선호한다고 하는데 왜인지는 잘 모르겠다. 모노그램 무늬가 부의 상징이 되어서 아닌가 싶기도 하다. 한번은 라파이에트 백화점 앞에서 친구를 만나기로 한 적이 있었는데 약속 시간이 지나도 오지 않았다. 거의 30분이나 지나서 온 그녀의 말에 따르면, 어떤 중국 사람이 루이뷔통 가방을 한 번에 하나밖에 못 사니까 대신 사달라고 부탁했다는 것이다. 요즘에는 대리 구매를 해준 뒤에 돈을 받는 아르바이트도 생겨났다고 한다.

경제력이 없는 젊은이는 물론이고 대다수의 프랑스인은 명품에 별 관심이 없다. 비싼 명품 쇼핑과 소비는 일부 상류층과 외국인 관광객의 일이고 할리우드 스타의 관심사라는 생각을 하고 있는 것 같다.

부티크

우리나라의 고급 옷가게 같은 곳에 많이 붙어 있는 이 단어는 사실 그냥 '가게, 상점'이라는 몹시도 평범한 의미를 가지고 있다. 옷가게든 그 무엇을 파는 곳이든 그냥 가게는 다 부티크(boutique)이다. 사전에서의 두 번째 의미가 유명한 재단사의 옷가게라는 뜻이라고 하니 우리나라에서는 고급스러운 이미지를 덧입고 두 번째 의미가 강력하게 힘을 발휘하는 중이다. 프랑스어라고 해서 모두 다 고급스러운 의미를 가지고 있는 것은 아닌데 말이다.

샤넬

샤넬(Chanel)은 프랑스의 명품 브랜드이다. 코코 샤넬이라고도 불리는 가브리엘 샤넬이 만든 오트 쿠튀르(haute couture, 고급 맞춤 의상) 브랜드로 우리에겐 샤넬 N° 5 향수로도 유명하다. 프랑스인도 가지기 힘들고 한국의 보통 사람에게는 샤넬 가방을 사기 위한 계모임을 만들게 하는, 강남의 일부 계층이 살 수 있는 옷과 가방을 만드는 브랜드이다. 사실인지는 알 수 없으나 가격이 자주 또한 큰 폭으로 인상되므로 중고로 되팔아도 본전 이상이 남아 샤넬 가방을 재테크에 이용하는 것을 가리켜 '샤테크'라고 부른다.

불우한 어린 시절을 보낸 가브리엘 샤넬은 원래 가수 지망생이었다. 하지만 별다른 성공을 거두지 못했는데 우연히 모자 디자인에 관심을 갖게 되어 모자 가게를 낸 것이 샤넬의 시작이었다. 제1차 세계 대전이 발발한 와중에 '메종 드 쿠튀르', 우리말로 번역하자면 '맞춤옷 집', 즉 60, 70년대의 양장점과 같은 가게를 오픈하여 큰 성공을 거둔다. 샤넬 정장 하면 떠오르는 디자인과 재질의 옷이 폭발적인 인기를 끌자 향수와 장신구까지도 제작하게 되었다.

그녀의 성공에는 남자들의 재정적인 도움이 있었다. 가게를 열거나 새로운 사업을 시작할 때마다 재력가가 그녀를 뒷받침해 주었다. 하지만 모자와 샤넬 정장, 향수와 장신구를 디자인하고 사업을 구상한 것은 바로 그녀 자신이었다. 그녀의 창의력과 도전 정신이 오늘의 샤넬을 만들었다.

아가타

아가타(*Agatha*)는 프랑스의 유명 장신구 브랜드로 1974년 출시하여 40

년의 전통을 자랑한다. 강아지를 모티브로 하는 손목시계, 목걸이, 귀걸이 등이 귀엽고 사랑스럽다. 아가타를 창업한 미셸 키나우가 자신이 키우던 애완견인 레옹이 침대에 남긴 흙투성이 자국을 보고 영감을 받아 전 세계적으로 사랑받고 있는 스코티 라인을 만들었다고 하니 성공한 사람의 시야는 확실히 뭔가가 다르긴 다른 모양이다. 보통 사람 같으면 비오는 길을 산책해서 흙투성이가 된 강아지를 절대로 침대에 올라가지 못하도록 했을 것이고 만약 그런 일이 발생했더라도 침대 시트를 빨아야 된다는 생각에 짜증이 먼저 났을 텐데 말이다.

홍보 글에는 연령대에 상관없이 사랑받는 브랜드라고 스스로를 소개하고 있지만 강아지가 주는 귀여운 느낌 때문에 실제 이 브랜드는 십 대나 이십 대에 어울리는 느낌이다. 내가 오랫동안 사용한 아가타 목걸이는 빛이 바랬다. 빈티지가 된 것인데 이 느낌은 사람에 따라서 좋을 수도 싫을 수도 있다. 브랜드에 대한 파리지앵의 무관심은 아가타에 대해서도 마찬가지이다. 아가타를 착용한 파리지앤느를 별로 보지 못했다. 그녀들은 어디서 샀는지 알 수 없는 독특한 장신구를 더 사랑한다.

오트 쿠튀르

오트 쿠튀르는 프랑스어로 '고급 바느질'이라는 의미를 가지고 있는데 최근에는 '고급 맞춤 의상' 혹은 '고급 의상 제작자'를 의미하는 말로도 쓰이고 있다. 다량의 옷을 한꺼번에 만들어내는 프레타포르테(*prêt à porter*), 즉시 입을 준비가 되어 있는 옷인 기성복과 구별되는 개념이다.

다시 말해서 오트 쿠튀르가 개별 고객의 주문에 의한 맞춤 의상이라면 프레타포르테는 고객의 취향과는 관계없이 미리 만들어놓고 고객이 사도록 유도하는 현대 의류 유통 방법인 셈이어서 오트 쿠튀르가 비싼 것은 당연하다. 샤넬, 발렌시아가, 크리스찬 디올 등이 전통적인 오트 쿠튀르 메이커인데 우리나라에서 맞춤 의상실이 쇠퇴하고 기성복 브랜드의 옷들이 대세를 이루고 있는 것처럼 이들 브랜드도 오트 쿠튀르로서의 명맥을 유지하기가 매우 힘들다고 한다. 가격이 너무 비싸서 이들의 소비층은 유럽 왕실이나 아랍의 부호, 할리우드 스타뿐이므로 20세기 초반 전성기를 정점으로 이들 브랜드도 사업 방식을 점차 프레타포르테로 전환해 가고 있다. 그래서 따로 맞추지 않아도 백화점 매장에서 이들 옷을 볼 수 있고 또 살 수 있게 되었다. 하지만 아직도 파리에는 오트 쿠튀르를 배우려고 찾아드는 유학생이 많다. '쿠튀르냐 퀼튀르(culture, 문화)냐'라며 문화 현상으로써 쿠튀르의 정체성을 찾으려는 사람들도 있었다. 소르본을 다니고 있던 모로코 출신 자말은 특히 이런 논쟁을 좋아했다. 자기보다 프랑스어를 못하는 다른 외국인의 발음을 지적하면서 쿠튀르가 무엇인지, 퀼튀르가 무엇인지 설명하기를 좋아했는데 지금은 그가 무엇을 하고 있는지 모르겠다.

오드 투알레트

오(eau)는 '물'이라는 뜻이고 투알레트(toilette)는 '화장, 단장'이라는 뜻을 가지고 있다. 그래서 이 둘은 합친 오드 투알레트(eau de toilette)는 '화장수'라는 의미가 되는데 오드 투알레트는 꽃잎에서 만들어진 백 퍼센트 향수에 알코올을 섞은 것이라 향수보다 농도가 연해 진하지 않은 향기를 가지고 있다. 젊은 여성에게 적합한 향수라고 할 수 있으니 백화점에서 향수를 살 때 고려해야 할 사항이다.

'투알레트'에 복수어미 's'가 붙으면 발음은 같지만 화장실이라는 뜻이 되므로 의미가 달라진다. 여행할 때는 화장실 찾기도 어려우니 알아두면 좋다. 우리나라와 달리 프랑스는 대부분의 화장실이 유료이다. 지하철 화장실도 동전을 넣어야 열리도록 되어 있다. 좀 야박하다는 느낌이 들지만 어쩔 수 없다. 유럽 대부분의 나라에서 화장실은 유료이니까. 프랑스인은 길거리 카페에 있는 화장실을 사용하기도 한다. 그렇지만 커피를 마실 것도 아니면서 여행자가 오직 화장실을 사용하기 위해 카페에 불쑥 들어가는 데는 대단한 용기가 필요할 것 같다. 맥도날드 화장실을 이용하면 좋은데 드나드는 사람이 너무 많아서인지 어떤 경우는 맥도날드의 화장실도 동전을 넣거나 비밀번호를 누르도록 되어있다. 다행히 관광지에 있는 화장실은 무료라서 급박한 상황이 발생하지 않도록 화장실이 보일 때마다 의무적으로 들리게 된다는 것이 여행자의 고충이라면 고충이랄까.

코스메티크

코스메티크(*cosmetique*), '화장, 화장품'이란 뜻이다. 프랑스는 화장품의 나라다. 겔랑, 랑콤 같은 고급 브랜드부터 로레알과 같은 비교적 저렴한 브랜드까지 모두 세계적인 명성을 가지고 있다. 약국에서 파는 화장품 비쉬나 아벤느도 유명하다. 뭘 모르고 프랑스에 처음 갔을 때 면세점에서 아이섀도를 비롯한 각종 화장품을 잔뜩 샀던 기억이 있다. 유학생인지, 교포인지 정확히 기억이 나지 않는 어떤 한국인이 루브르 박물관 근처의 면세점에서 '요즘 우리나라 상품도 프랑스 것에 뒤떨어질 것이 없지만 아직 화장품만은 프랑스가 더 나은 것 같아요'라고 말한 것을 듣고 구매하게 된 거였다. 화장품을 잘 모를 때였기에 그저 선물용으로 샀을 뿐이다. 그런 기억이 있어서인지, 그 화장품을 사용한 가족들의 반응이 좋았었기 때문인지 몰라도 요즘도 그때 샀던 것과 같은 화장품을 즐겨 사용하고 있다. 다른 프랑스 제품도 다 그런지는 모르겠지만 바를 때의 느낌이 확실히 다른 것 같기는 하다. 아이섀도의 입자가 더 곱다고 해야 하나.

화장품은 브랜드의 독립 매장에서 판매되기도 하고 세포라와 같이 갖가지 브랜드를 모아놓은 편집 매장에서 판매되기도 한다. 샤틀레 쇼핑몰에 가면 이런 가게가 많다. 샘플 상품을 발라볼 수 있기 때문에 그냥 구경하러 들어가도 재미있다. 우리나라 백화점에 귀하게 모셔져 있는 상품들이 편하게 놓여 있는 것을 볼 수 있다. 이것저것 만지고 발라보고 있어도 점원이 다가와서 일일이 귀찮게 하지 않는다.

그런데 이렇게 많은 브랜드의 화장품이 있어도 정작 프랑스 여성들은 화장을 잘하지 않는다. 길거리에 다니는 여자들 중 눈에 띄게 화장을 한 사람은 거의 없는데 젊은 여성들의 경우에는 유행에 따라 마스카라를 진하게 한다든지 머리 염색을 바꾸는 정도일 뿐 피부 색조 화장에는 별 신경을 쓰지 않는 듯 주근깨가 다 보인다. 그러면 그 많은 화장품은 누가 다 사는 것일까. 한때 프랑스 로레알 본사에서 로레알 제품을 가장 많이 구매하는 것이 한국 소비자라는 통계를 내놓은 적이 있었다.

05
프랑스어,
레벨 업!

너를 사랑해

어떤 외국어라도 그 언어를 처음 공부할 때는 '안녕하세요, 감사합니다'와 같은 인사말 다음으로는 '너를 사랑해'라는 표현을 알고 싶어 하는 것 같다. 굳이 외국어를 배우고 있지 않더라도 이 표현은 누구나 관심을 가질 만한 것이라서 이십 대에 한참 소개팅을 할 무렵에는 이 표현을 6개 국어로 할 수 있는 사람을 만난 적도 있다.

프랑스어로 '너를 사랑해'는 쥬 템므(Je t'aime)라고 한다. '나는(Je)+너를(te)+사랑해(aime)'라는 각각의 단어가 연결된 것인데, 프랑스어는 모음과 모음이 연달아 오면 축약이 되기 때문에 'te'와 'aime'는 't'aime'로 한 뭉치로 되어 있다. 목적어는 영어처럼 동사 뒤에 오는 것이 일반적이지만 목적어가 대명사인 경우에는 한국어처럼 동사 앞에 온다.

마담과 마드무아젤

프랑스어의 마담(*madame*)은 보통 '결혼한 여성', 마드무아젤 (*mademoiselle*)은 '결혼하지 않은 여성'을 의미하는데 의미가 우리나라의 아주머니, 아가씨라는 단어와 딱 일치하지는 않는다. 마담은 여성에 대한 정중한 호칭이다. 어떤 면에서는 마드무아젤보다 여성을 더 높여 주는 어감을 가지고 있다. 마드무아젤이 '아직 넌 어려'라는 느낌을 포함하는 반면 마담은 '성숙한 여성'의 의미를 함축한다고나 할까.

경제적으로 여유가 없었던 어학연수 시절, 맥도날드는 나의 단골 식 당이었다. 그런데 내 주문 순서가 오면 점원이 항상 에 마담?(*Et Madame, 그리고 부인은요?*)이라고 내게 물었다. '부인이라니, 내가 아줌마처럼 보인 단 말인가?' 속으로 생각하며 내심 기분이 좋지 않았는데 얼마 지나지 않 아 마담이란 표현에 익숙해졌다. 단지 마담은 나를 정중하게 지칭하는 표현이었던 거였다.

므슈

므슈(*monsieur*)는 영어의 'Mr.'에 해당하는 단어로서 기혼이든 미혼이 든 모든 남성에게 붙이는 존칭이다. 여성을 기혼과 미혼으로 나누어 호 칭하는 것과는 다르다. 므슈의 복수형은 불규칙 변화로 인해서 메시외 (*messieurs*)이다. 단어의 뒷부분이 영어의 'sir'와 닮아 보인다.

벨 에포크

프랑스어로 벨(*belle*)은 '아름다운'이라는 뜻이고 에포크(*époque*)는 '시대, 시절'이라는 뜻이니 이 둘을 합친 벨 에포크는 '아름다운 시절' 혹은 '좋은 시절'이라는 뜻이 된다.

프랑스에서 벨 에포크는 주로 19세기 중반 이후와 20세기 초를 회상할 때 자주 사용되는 말이다. 이 시기에 문학, 미술, 음악에서 거장들이 탄생했고 무엇보다 혁신적인 과학의 발전이 이루어졌다. 평화가 지속되었고 과학이 모든 문제를 해결할 것이라는 낙관적인 기대 속에 진보적인 역사관이 대세를 이루고 있었다. 전화, 무선 통신, 철도, 자동차, 비행기 이 모든 것이 벨 에포크 때 탄생했으니 사람들이 자신감에 차 있게 된 것도 무리는 아니었을 것이다. 당시 아시아와 아프리카로 뻗어나갔던 제국주의도 프랑스와 유럽에 힘을 실어주는데 한몫했다. 하지만 유럽이 세계의 패권을 잡고 있었던 이 시기는 제2차 세계대전에 의해 막을 내리게 된다. 세계의 패권이 서서히 미국으로 넘어가기 시작했기 때문이다. 세계의 주도권은 태양이 도는 방향으로 옮겨간다는 말이 있는데 미국과 일본이 주도했던 세계는 요즘 다시 중국에 의해서 움직이기 시작한 것 같다.

본 아페티!

본 아페티(*Bon appétit*)는 '맛있게 드세요'라는 식사 전의 인사말로 직역하면 '좋은 식욕을!' 정도의 의미가 되는데 프랑스 영화뿐만 아니라 미국 영화에서도 종종 들을 수 있다. 우리가 얘기를 하다 보면 영어나 일본어 같은 것을 차용해서 섞어 쓰는 경우가 있는데 미국 사람들도 그런 모양이다. 프랑스 영화에서 본 아페티는 주인공이 싸운 상대와 식탁에 마주 앉은 채로 서로 얼굴도 보지 않고 형식적으로 내뱉는 경우가 많았던 것

같았는데 미국 영화에서는 가장 기쁜 순간에 격앙된 어조로 '보나페티!'
하는 경향이 있어서 미국인이 터트리듯 내뱉는 인사말이 더 행복하게 느
껴진다.

봉주르

프랑스어의 대표적 인사말은 봉주르(*bonjour*), 낮 인사다. 인사말은 낮
인사, 저녁 인사, 밤 인사로 나뉘는데 영어, 독일어, 일본어에 '굿모닝, 구
텐탁, 오하요' 등으로 아침 인사가 있는 반면에 프랑스어에는 아침 인사
가 따로 없다. 아침부터 저녁까지 봉주르뿐이다. 늦잠 자는 것을 좋아하
다 보니 아침에 다른 사람을 방해하는 것이 실례이고 그래서 아침 인사
가 따로 없을지도 모르겠다는 끼워 맞추기식 해석을 해본다. 대신 저녁
인사와 밤 인사가 구별되어 있다. 봉수아(*bonsoir*)는 저녁 무렵에 하는 인
사다. 늦은 밤에는 본 뉘(*bonne nuit*)라고 인사한다. 몇 시부터 몇 시까지
가 봉수아이고 또 몇 시부터가 본 뉘인가를 세세히 따질 필요는 없다. 대
체적으로 잠자기 전에 본 뉘라고 하니 이때 본 뉘는 우리나라 말로 '안녕
히 주무세요'나 '잘 자' 정도에 해당한다.

프랑스에서는 당연히 한국에서처럼 고개나 허리를 숙여 인사하는 일
은 없다. 가볍게 '봉주르!' 하면 된다. 비쉬에서 교사 연수를 할 때였다. 한
번은 길거리에서 담당 선생님을 만난 적이 있었다. 온천과 화장품으로
유명한 비쉬는 손바닥만큼 작은 도시이다 보니 수업이 끝난 후 길거리
를 돌아다니다 만나게 된 것이다. 나도 모르게 인사말을 하는 대신 고개
를 숙여 인사했다. 그러자 선생님도 고개를 숙여 인사를 받았는데 그게

그렇게 어색할 수가 없었다. 프랑스뿐만 아니라 유럽에서 허리를 굽히고 인사를 하는 경우는 공연에서밖에 없다. 오케스트라 지휘자나 오페라 가수, 성악가, 배우들이 무대 인사를 할 때 고개를 숙인다. 보통 고개나 허리를 숙이는 것은 굴종의 의미로 해석된다. 그러니까 왕과 신하, 영주와 기사들 사이에서나 이루어졌던 인사라는 것이다. 그래서 동양식으로 절을 한다는 것은 더더구나 이들에겐 상상도 못 할 일이다.

연인

프랑스어로 아망(amant), <연인>은 마르그리트 뒤라스의 동명 소설을 원작으로 하는 오래전에 개봉한 장 자크 아노 감독의 영화다. 아마 1992년이었던 것 같은데 일이 년 후 우리나라에서도 개봉했다. 프랑스는 물론 전 세계적으로 화제가 된 작품이었는데 감성이 달라서인지 우리나라에서는 생각만큼 인기가 있었던 것 같지는 않았던 게 기억난다.

91년에서 92년으로 넘어가던 그해 겨울, 샤틀레 레알 쇼핑몰에 있는 영화관에서 영화를 보았다. 개봉 전부터 대단한 화제였기 때문에 영화관은 만원이었다. 베트남의 사이공을 배경으로 십 대 프랑스 소녀와 삼십 대 중국 출신 부호의 사랑 이야기를 담고 있는데 나중에 작가가 된 소녀가 담담하게 자신의 첫사랑 이야기를 들려주는 방식으로 전개된다. 소녀는 방학을 마치고 학교로 돌아가기 위해 메콩강을 건너는 페리에 타게 되고 여기에서 남자를 만난다. 둘은 곧 사랑에 빠지게 된다. 소녀는 남자의 리무진으로 등하교를 하게 되고 곧 '어둡고 끝없는 도시의 소음으로 가득한 그의 방으로 이끌려 간다. 그리고 둘 사이의 밀월, 육체적인 사랑이 지속된다. 양쪽 집안 모두 둘의 만남을 반대하지만 남자가 부자라는 말에 소녀의 가족은 마음을 바꾸고 남자 쪽의 반대는 계속된다. 남자의 아버지는 소녀와 결혼하면 재산을 한 푼도 주지 않겠다고 선언하고 결국 남자는 집안에서 정해준 여자와 결혼하고 만다. 어느덧 시간이 흘러 소녀는 프랑스로 귀국하게 된다. 소녀를 태운 배가 움직이기 시작하고 항구의 한 모퉁이에서는 남자가 차에 탄 채로 몰래 그녀를 지켜보고 있다. 배가 항구를 벗어나자 소녀는 참고 있던 울음을 터트린다. 영화는 파리의 다락방에서 글을 쓰고 있는 노년의 작가가 된 소녀에게 손님이 찾아왔다는 전갈이 오는 장면으로 끝이 난다. 아마도 중국인 남자일 것이다.

에세테라

에세테라라고 읽는 'etc.'는 라틴어 'et cetera'의 약자이며 한국어로는 '기타 등등'을 뜻한다. 사용 빈도가 높은 단어이지만 사람 이름 뒤에 붙이지 않는다. 영화 <왕과 나>에서 주인공 율브린너가 말끝마다 '에세테라, 에세테라...'라고 했던 것이 기억난다. 구체적인 예를 들지 못하거나 더는 할 말이 생각나지 않는다는 얘기다.

오! 라라!

오! 라라!(Oh! là là!)는 프랑스인이 많이 쓰는 '아이구, 저런!', '이럴 수가!' 정도의 느낌을 주는 감탄사이다. 요즘 표현으로는 '대박' 정도가 되겠다. 프랑스 출신 인기 스타였던 이다도시가 즐겨 사용해서 한동안 아이들 사이에서 유행했었다.

하나, 둘, 셋

하나, 둘, 셋(*un, deux, trois*)을 프랑스어로 하면 '욍(*un*), 되(*deux*), 트루아(*trois*)'이다. 프랑스어를 공부하지 않은 사람도 여행을 하려면 숫자 셋까지는 알아야 하지 않을까. 어느 날 이태원을 걷다가 'un, deux, trois'란 간판을 단 레스토랑을 봤었다. 프랑스어로 쓰면 괜찮은데 한국어 발음으로 써넣으면 이상해서 프랑스어로 쓴 것 같다.

프랑스 문화 생각하기 5

1. 프랑스어를 사용하는 나라를 조사하여 목록을 만든 후 지도에 표시해 보자.

2. 우리나라에서 사용되고 있는 프랑스어를 조사하여 발표해 보자.

3. 거리에서 볼 수 있는 프랑스어 간판의 사진을 찍고 의미를 알아 보자.

4. 프랑스의 명품 브랜드 목록을 만들어 보자. 이들의 역사와 마케팅 방식에 대해 조사하여 발표해 보자.

5. 벨에포크는 무슨 의미인지 설명해 보자.

프랑스적인 것들에 대해 쓰고 싶었다.

'왜 여행을 하는가?'라는 질문에 대한 답은 사람마다 다를 것이다. 일상이 지겨워서 떠나기도 하고 왠지 그 나라가 궁금하고 보고 싶어서 떠나기도 한다. 여행이라는 행동은 구체적이지만 여행을 떠나는 동기는 구체화하기 힘들다. 박물관 기행이라든가, 고성 여행같이 특별한 목적을 가진 여행이 아니라면 대부분 이국 문화에 대한 동경과 호기심이 여행의 주된 이유일 것이라고 추측해 본다. 프랑스 사람들은 매년 세계 각국에서 밀려오는 관광객들을 어떤 시각으로 보고 있을까. 작년 여름, 파리 여행을 마치고 돌아오는 비행기에서 르몽드지의 기사 하나를 발견했다. 미국이나 유럽에서 오는 관광객들은 대부분 개인이나 가족 단위로 여행을 와서 프랑스와 파리에만 머문다. 하지만 중국, 일본, 한국에서 오는 아시아인들은 대부분 일주일 정도 유럽 단체 투어의 한 방문지로 파리를 들렀다가 하루, 이틀 만에 떠난다는 내용이었다. 여행 패턴에 따라 이들 관광객들에게 다른 서비스를 제공해야 한다는 것이 요지다.

변하는 것들과 변하지 않는 것들이 있다. 20대에 머물렀던 파리는 그 어떤 파리보다 오래 기억에 남아있었다. 파리에 있는 모든 박물관을 보겠다고 시내를 돌아다니곤 했다. 몇 달이 지나자 파리로 떠나기 전 이대 앞에서 샀던 신발에 빗물이 새어들었다. 20대의 나는 그것을 피로라고 생각하지 않았고 오히려 많은 것을 가지게 된 듯 뿌듯해했다. 지금의 나는 많은 것을 보기보다는 한두 가지를 천천히 오래 보는 것을 좋아한다. 박물관에서는 관심이 가는 작품 앞에 오래 머문다. 쫓기듯 걷지 않고 여유 있게 걸으며 카페에 앉아 커피를 마시면서 오가는 사람들을 바라보기도 하고 피곤하다 싶으면 택시를 탄다. 파리지앵들이 모두 바캉스를 떠난 여름의 파리 시내는 교통 체증이 없어 택시를 타도 부담이 없다. 늘 한결같은 파리도 긴 시간 간격을 두고 생각해 보면 많이 변했다. 큰 지하철 역사에는 쇼핑센터가 생겨났고 퐁피두 센터 내부를 비롯해 시내 곳곳에 미국식 테이크아웃 커피숍이 생겨났으며 프랑스인들의 자존심이라던 프랑스어를 지키는 대신 영어를 쓰는 백화점과 상점들이 늘어났다. 오르세 박물관 테라스가 개방되어 외부로 나갈 수 있게 된 것, 두툼하던 크레프가 바삭거릴 만큼 얇아진 것, 노트르담과 루브르 박물관을 입장하려는 관광객들의 줄이 더 길어진 것, 거의 5분 간격으로 시내투어 버스가 눈에 뜨인다는 점이 변화라면 변화다.

프랑스적인 것들에 대해서 쓰고 싶었다. 오랜 기간 다른 것에 정신이 팔려 잊기도 했지만 전공에 대한 애착은 역시 큰 것 같다. 무엇보다 글쓰기에 논리의 힘이 실리게 가르쳐주신 나의 스승님, 서울대 불어교육과

심봉섭교수님과 조용하지만 강한 힘으로 지지해 주는 김정숙교수님께 감사드린다. 나의 프랑스어를 되살려주고 프랑스어 교사로서의 활동과 한국 프랑스어 교사 협회 회장으로서의 직무를 도와준 프랑스 대사관 뤼도빅과 다니엘, 젊은 날의 기억과 그때의 공부와 이 모든 것들을 써 내려가는 동안 관심을 보여준 나의 학생들에게 감사한다. 돌아가신 아버지와 딸의 성질을 무던하게 견뎌주시는 어머니, 영림, 선희, 효림에게 감사한다. 일러스트를 그려준 규빈이와 지운이에게 감사한다.

2023. 봄, 대현산.

에펠탑에 놀러간 자신을 그린 것.
손에는 바게트, 하늘에는 크루아상과 마카롱이 떠 있어요.
고지운 그림.

〈그래서 베트남〉〈가벼워져서 돌아올게요〉〈그래서 프랑스〉

여행을 생각한-데이

소율 지음

송수연 지음

김미연 지음

우리는 왜 여행을 떠날까?

멋진 산과 바다, 아름다운 건물, 낯선 사람과의 만남 속에서 나를 찾는 것이 여행이다.

누군가와 같이 여행을 떠나는 것은 그 사람을 여행하는 것과 같다.

'여행을 생각하다'는 여행을 통해 행복한 시간을 보내고 싶은 사람, 다음 여행을 더 잘하고 싶은 사람을 위한 이야기를 담았다.

〈그래서, 베트남〉

느리게 소박하게 소도시 탐독

〈가벼워져서 돌아올게요〉

무거운 나를 위한 스무가지 질문여행

〈그래서, 프랑스〉

프랑스어 선생님이 들려주는 진짜 프랑스 이야기

 서울특별시 마포구 토정로 222, 한국출판콘텐츠센터 401호 T.02-323-5609